cocinar hoy

Verduras
y Guarniciones

EDITORIAL DE VECCHI

Traducción de Sonia Afuera Fernández.

Diseño de la cubierta de Design 3.

Fotografías de la cubierta y del interior (y las recetas correspondientes) de © Studio Novak - Milán.

© Editorial De Vecchi, S. A. U. 2002
Consell de Cent, 357. 08007 BARCELONA
Depósito Legal: B. 38.683-2002
ISBN: 84-315-2902-4

INTRODUCCIÓN

Las verduras constituyen una categoría de alimentos típica de la cocina mediterránea, tanto por cantidad como por variedad. En la península ibérica crecía (y sigue creciendo, a pesar del actual empobrecimiento de la flora espontánea) una cantidad de especies comestibles mucho más elevada que en otros países europeos.

Esto ha condicionado desde siempre los gustos alimentarios de las poblaciones asentadas en los países de cultura mediterránea, que utilizaban una enorme abundancia de verduras preparadas de formas muy variadas, muchas de las cuales han llegado hasta nosotros.

Sin embargo, a los vegetales espontáneos cabe añadir otras hortalizas, hierbas y legumbres cultivadas: la horticultura es de origen muy antiguo —se practicaba ya en el Neolítico—, lo que demuestra lo importantes que han sido siempre los vegetales para la alimentación humana. Además, el ya rico huerto europeo se enriqueció con las hortalizas traídas por los árabes (espinacas, alcachofas, berenjenas) y después por los americanos (diversas variedades de calabazas y judías, maíz, tomates, pimientos, patatas).

Las verduras, ricas en vitaminas y sales minerales y pobres en calorías, son indispensables para una correcta alimentación; además, su aportación de celulosa (fibra) resulta muy útil para que funcione bien el aparato digestivo y para mantener bajo el índice de colesterol en la sangre, y es particularmente valiosa para quien tiene tendencia a engordar, porque las fibras ocupan un gran volumen y presentan una reducida o inexistente aportación calórica. Asimismo, las verduras propiamente dichas, es decir, las verdes, contienen clorofila, una sustancia que en asociación con el hierro facilita la producción de hemoglobina.

Los vegetales, además, facilitan la renovación de los carbohidratos en el organismo y se oponen a la acumulación de grasas que, en cambio, es estimulada por los farináceos; según estas consideraciones, todos los dietistas coinciden en afirmar que las verduras pueden y deben combinarse con el resto de alimentos.

Por estos motivos, y por la implantación progresiva en la sociedad de hábitos saludables, las verduras están experimentando un auténtico auge, después de haber sido olvidadas pasada la posguerra. Es más, de ser simples guarniciones han pasado a ser platos principales de la comida y, en ocasiones, platos únicos, para conjugar las exigencias del gusto y del apetito con las de la salud.

Algunos consejos

En nuestra tradición gastronómica existe un número casi infinito de segundos platos a base de verdura, que puede estar cruda, cocida, al horno, rellena, frita, hervida, al vapor, etc. Los preparados más complejos pueden constituir un plato único o requerir un pequeño suplemento proteico para disponer de una comida equilibrada.

Como ya hemos dicho, las verduras son alimentos esenciales porque son ricas en vitaminas y sales minerales, indispensables para el organismo.

No obstante, es muy importante el grado de frescura y de maduración, porque se podrían perder parcialmente estos valores.

Después de comprar las verduras, o después de recogerlas del huerto, deben ser consumidas lo antes posible porque se estropean con rapidez.

Por este motivo no conviene comprar demasiada verdura de una sola vez. Además, los vegetales deben ser conservados en la parte menos fría de la nevera, dentro de bolsas de plástico agujereadas o en bolsas de papel, para evitar la formación o la acumulación de humedad. Las patatas y las cebollas no deben estar en el frigorífico, sino en un lugar fresco, oscuro y ventilado.

Antes de lavar las hortalizas hay que pelarlas; esta operación varía de un vegetal a otro: la alcachofa se despunta, se

Las verduras en la Antigüedad

La opinión favorable que hoy tenemos de las verduras no la tuvieron siempre nuestros antepasados. En la Antigüedad, de hecho, los griegos y los romanos eran grandes consumidores de vegetales, a los que consideraban el símbolo de una vida frugal y moralmente sana. Con la caída del imperio romano, sin embargo, empezó a difundirse por el Mediterráneo una nueva alimentación, decididamente más carnívora, traída por los bárbaros que llegaron desde las estepas caucásicas y los bosques del norte. Puesto que los nuevos amos de Europa consumían principalmente carne, las verduras fueron decididamente «descalificadas», y se convirtieron en el alimento de los pobres. Además, como crecían junto al suelo, o incluso bajo tierra, eran consideradas adecuadas sólo para alimentar a las capas más bajas de la población, según una concepción alimentaria que apuntaba que a la nobleza de la persona le correspondía una «altura» análoga de la comida (durante buena parte de la Edad Media, de hecho, a los nobles se les reservaba la fruta y la carne de ave). Las verduras llegaron a ser consideradas la única alternativa al hambre o, en el mejor de los casos, un «apoyo» a los platos principales. Esta concepción, como hemos dicho, sólo la desmontarán los estudios científicos sobre nutrición y la propagación de las «enfermedades del bienestar», que han conseguido recuperar las verduras.

le quita la pelusilla del interior y se pasa por agua acidulada; las zanahorias se rascan; los pepinos se pelan, etc. A las lechugas se les debe retirar las hojas externas más duras, así como las amarillentas, las marchitas y las estropeadas. Se corta el tronco y luego se deshoja el resto: las hojas no deberían ser cortadas nunca, sino romperse y dividirse con las manos. El cuchillo se utiliza únicamente si se desean tiras iguales.

En cualquier caso, todas las verduras deben cortarse por su cara «natural».

El agua del lavado debe ser abundante y renovarse con frecuencia; además, es necesario no dejar nunca en remojo las verduras durante mucho tiempo, porque perderían gran parte de sus elementos nutritivos.

Si se consumen crudas, las hortalizas tienen que ser preparadas poco antes de presentarse en la mesa y, sobre todo, no deben ser aliñadas hasta el último momento; sólo así seguirán estando crujientes y no tendrán el aspecto reblandecido de algunas ensaladas que han sido preparadas y aliñadas mucho antes. Si se precisara prepararlas con anticipo, se pueden lavar y secar todos los ingredientes y guardarlos en recipientes separados y bien cubiertos; podrán ser «reunidos» en poco tiempo en cuanto sea necesario, y el resultado será mucho mejor.

Las verduras crudas tienen más sabor y más propiedades nutritivas que las cocidas, porque la cocción reduce el contenido vitamínico y salino; sin embargo, las hortalizas cocidas son más digestibles, porque las partes fibrosas son ricas en celulosa y se reblandecen.

Se pueden cocer casi todas las verduras; cada una de ellas ofrece lo mejor de sí con un método particular; en cualquier caso, para conservar lo máximo posible los principios nutritivos, el sabor y el color, las verduras no tienen que ser cocidas demasiado, sino hechas al dente. Las verduras tienen que ser cocinadas lo más rápidamente posible y en trozos grandes o, mejor aún, enteras (en algunos casos con la piel, como por ejemplo las patatas), porque muchas de sus vitaminas son termolábiles (se destruyen con el calor) e hidrosolubles (se disuelven en agua y pasan, por tanto, al líquido de la cocción). Los vegetales que se cuecen deben ser puestos al fuego en cuanto son pelados y cortados. Algunos (alcachofa, cardo, zanahoria, etc.) requieren un poco de zumo de limón en el agua, para acidularse, porque, en caso contrario, se ennegrecen.

Como hemos dicho, casi todas las técnicas de cocción pueden utilizarse con las verduras; en particular, las rápidas que no se hacen en agua (fritas, a la parrilla, al vapor) permiten conservar colores y propiedades nutritivas; entre las que hemos citado, una de las más adecuadas y sanas es la cocción al vapor.

En lo que respecta a las verduras hervidas, se aconseja observar la vieja regla según la cual las verduras que crecen bajo tierra (zanahorias, patatas, remolacha, etc.) se hacen en agua fría que se lleva luego a ebullición, mientras que las verduras que crecen sobre la tierra (judías, coliflor, espinacas, hinojo, etc.) se ponen en agua ya hirviendo. Hay que utilizar poca agua y recipientes pequeños, para que la verdura quede completamente cubierta; en el caso de los vegetales de hoja, no obstante, puede haber suficiente con el agua del escurrido después del último enjuague.

Una última advertencia para quien tenga muy en cuenta el valor nutricional de lo que pone en la mesa: nunca debería desecharse el agua de cocción de verduras y legumbres, porque en ella se encuentran disueltos importantes principios nutritivos; se puede utilizar para sopas, arroces, cocción de pasta o como base para un caldo vegetal.

Elegir el vino

En lo que se refiere a la verdura como guarnición, no existe el «problema» de la elección del vino, obviamente, ya que este debe adaptarse al plato al que acompañan las verduras.

En cuanto a los platos de verdura propiamente dichos, la selección del vino es de las más difíciles. Uno de los vegetales «imposibles», y que desdeñan los catadores, es la alcachofa; su elevado contenido en tanino y hierro desnaturaliza los vinos y les confiere un gusto metálico. Esto es así sobre todo si la alcachofa se sirve sola, y en especial si está cruda. En cambio, si se utiliza en preparaciones con otros ingredientes de sabor más delicado (flan, budín, tortilla, soufflé, etc.) es posible intentar acompañarla con un rosado o un blanco con bastante cuerpo.

También los espárragos y las espinacas, sobre todo si están crudos, son difíciles de acompañar con vino, porque tienen un sabor ligeramente amargo; no se recomienda servir vino con preparados que los utilizan como ingrediente principal.

Sería mejor evitar el vino también como acompañante de ensaladas, que suelen tener una base ácida debida al vinagre o al zumo de limón; además, las ensaladas son demasiado ricas en agua y suelen tener un fondo un poco amargo, demasiado marcado para que puedan combinarse con un vino.

En cambio, el resto de vegetales es mejor que se acompañen con vinos no demasiado «robustos», por lo que es recomendable dar preferencia a blancos, rosados y vinos ligeramente afrutados. Además, se puede seguir la guía del preparado en su conjunto, por lo que un segundo plato a base de patatas y panceta combinará bien con un rosado intenso o, incluso, con un tinto ligero, mientas que una receta a base de patata y nata dará más de sí con un blanco vivaz.

Las frituras son un tipo de preparación fuertemente caracterizado, en las que tal vez el sabor de la verdura más delicada puede quedar encubierto por el del rebozado o el del aceite. En tal caso, sería aconsejable elegir un vino tinto con más cuerpo, que podrá resaltar también los preparados más variados y en conjunto no demasiado ácidos (hortalizas y verduras rellenas, por ejemplo, o parrilladas de verdura mixta) o que lleven ingredientes o aromas que tiendan al dulce (pasas, piñones, etc.). Por último, un tinto con cuerpo pero no reserva podría tomarse con platos a base de cebolla, puerro, champiñones. En cualquier caso, como regla general, hay que evitar los vinos tintos con alto contenido en tanino.

RECETARIO

INGREDIENTES PARA 4 PERSONAS

1,5 kg de espárragos

100 g de jamón cocido

100 g de mantequilla

60 g de queso parmesano rallado

vino blanco

sal - pimienta

TIEMPO DE PREPARACIÓN
1 HORA Y 30 MINUTOS

ACOMPAÑAMIENTO
HUEVOS

ESPÁRRAGOS GRATINADOS

Limpie los espárragos, lávelos, átelos y póngalos en agua hirviendo.

Desátelos y póngalos en una fuente de horno; salpimiéntelos y écheles por encima 80 g de mantequilla fundida y un vaso de vino blanco seco; distribuya por encima el jamón cortado en tiras pequeñas, espolvoree el queso rallado y algún copo de mantequilla.

Póngalos en el horno previamente calentado a 200 °C y deje que gratinen durante 15 minutos.

Sírvalos calientes.

Preparación y cocción de los espárragos

Rasque con un cuchillo pequeño la parte blanca de los espárragos, lávelos uno por uno con cuidado de no romper las puntas y después déjelos en agua de forma que se limpien bien y se elimine la tierra que quede entre las puntas. Átelos en un manojo con un cordel de cocina y póngalos a hervir en agua hirviendo salada durante unos 25 minutos (tiempo adecuado para la variedad más grande), con las puntas fuera del agua y la olla tapada.

Otra opción es hervir los espárragos sumergidos completamente en la olla durante 15 minutos.

INGREDIENTES PARA 4 PERSONAS

4 berenjenas

50 g de piñones

50 g de pasas de Corinto

4 tomates

2 cebollas

tomillo - laurel

aceite de oliva virgen extra

sal

TIEMPO DE PREPARACIÓN
1 HORA Y 30 MINUTOS

ACOMPAÑAMIENTO
INDICADO COMO SEGUNDO PLATO

BARQUITAS DE BERENJENA CON PASAS Y PIÑONES

Despunte las berenjenas, córtelas por la mitad en sentido horizontal y vacíelas con ayuda de un cuchillo.

Pique en trozos grandes la pulpa de las berenjenas, las cebollas y los tomates pelados y sin semillas.

Póngalo todo en una sartén y añada las pasas, previamente reblandecidas y bien escurridas, y los piñones; déjelo cocer todo con dos cucharadas de aceite durante 20 minutos a fuego medio.

Rellene las berenjenas con la mezcla y póngalas en una fuente para horno untada con aceite; espolvoree tomillo y laurel picados, sale ligeramente y hornee durante 1 hora a 180 °C.

Sírvalas tibias.

INGREDIENTES PARA 4 PERSONAS

8 zanahorias grandes

150 g de fécula de patata

100 g de queso de oveja rallado

2 huevos

aceite de oliva virgen extra

 TIEMPO DE PREPARACIÓN
1 HORA

ACOMPAÑAMIENTO
ASADOS DE CARNE

BASTONCILLOS DE ZANAHORIA

Pele las zanahorias y hiérvalas hasta que estén al dente. Cuando se enfríen, córtelas por la mitad horizontalmente. Páselas por la fécula de patata mezclada con el queso de oveja; luego páselas por los huevos batidos y seguidamente por la fécula y el queso. Caliente en una sartén el aceite y fría en él los bastoncillos de zanahoria. Cuando estén dorados, escúrralos y páselos por una hoja de papel absorbente de cocina. Sírvalos de inmediato.

INGREDIENTES PARA 4 PERSONAS

300 g de bróculi

30 g de mantequilla

1 huevo

pan rallado

perejil

sal

pimienta

TIEMPO DE PREPARACIÓN
40 MINUTOS

ACOMPAÑAMIENTO
CARNE DE CERDO; EMBUTIDOS

BRÓCULI AL ESTILO POLACO

Hierva el huevo durante 10 minutos para convertirlo en huevo duro; después deje que se enfríe bajo agua fría. A continuación, quítele la cáscara. Separe la yema de la clara y píquelas por separado.

Limpie bien el bróculi, divídalo en ramitos y lávelo muy bien. Cueza los ramitos en agua salada hirviendo durante 6 minutos. Escúrralos y colóquelos en un plato de servir.

Funda en una sartén la mantequilla a fuego medio, añada una cucharada de pan rallado y deje que se dore brevemente. Sáquelo del fuego, añada la yema y la clara trituradas, una ramita de perejil picado, la sal y la pimienta, y mezcle bien todos los ingredientes.

Rocíe el bróculi con la salsa obtenida y sírvalo aún tibio.

Un consejo más

El perejil un poco apagado recobra de inmediato su buen aspecto si se meten sus tallos en agua con un poco de limón.

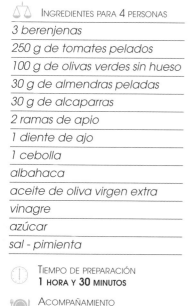

INGREDIENTES PARA 4 PERSONAS

3 berenjenas

250 g de tomates pelados

100 g de olivas verdes sin hueso

30 g de almendras peladas

30 g de alcaparras

2 ramas de apio

1 diente de ajo

1 cebolla

albahaca

aceite de oliva virgen extra

vinagre

azúcar

sal - pimienta

TIEMPO DE PREPARACIÓN
1 HORA Y **30** MINUTOS

ACOMPAÑAMIENTO
ASADOS DE PESCADO Y DE CARNE

CAPONATA DE BERENJENAS

Lave las berenjenas, córtelas en dados grandes y póngalas en remojo en agua salada durante 30 minutos.

Escúrralas y séquelas; fríalas en abundante aceite caliente, escúrralas y páselas por una hoja de papel absorbente de cocina.

En una cazuela con tres cucharadas de aceite, dore la cebolla cortada en tiras muy finas, el ajo aplastado y el apio lavado y cortado a dados pequeños; añada las almendras, las alcaparras y las olivas; deje que tome gusto durante 5 minutos.

A continuación, agregue el tomate, rectifique de sal y pimienta y añada alguna hoja de albahaca. Cuézalo todo a fuego lento hasta que se ablande el apio. Agregue entonces las berenjenas y remueva con cuidado. Añada media cucharadita de azúcar y dos cucharadas de vinagre; en cuanto este último se haya evaporado, saque la cazuela del fuego y deje que se enfríe.

Sirva la caponata fría.

 INGREDIENTES PARA 4 PERSONAS

4 alcachofas

50 g de pan rallado

20 g de alcaparras

2 filetes de anchoa

1 limón

1 diente de ajo

perejil

aceite de oliva virgen extra

sal - pimienta

 TIEMPO DE PREPARACIÓN
1 HORA Y 10 MINUTOS

ACOMPAÑAMIENTO
PESCADO

ALCACHOFAS AL HORNO

Pele con cuidado las alcachofas y elimine las hojas más duras y las espinas. Corte los tallos, elimine la parte filamentosa y póngalos en remojo en agua y zumo de limón. Abra las alcachofas como si fueran flores, intente eliminar del interior la pelusilla y póngalas en remojo en agua y limón. Escurra los tallos, tritúrelos con medio diente de ajo, las anchoas y las alcaparras y dore la mezcla obtenida en una sartén antiadherente con dos cucharadas de aceite durante 2 minutos. Vierta la mezcla en un recipiente y añada el perejil picado y el pan rallado. Salpimiente con cuidado. Reparta la mezcla en el interior de las alcachofas, póngalas en una fuente de horno y condiméntelas con una emulsión de aceite y tres cucharadas de agua. Cúbralas con una hoja de papel de estaño y hornéelas a 180 °C durante 40 minutos, hasta que las alcachofas estén blandas. Sírvalas tibias.

La alternativa

En vez del pan rallado, en el relleno de las alcachofas podría poner la miga de dos rebanadas de pan duro remojada en un vaso de leche; además puede cocer las alcachofas al vapor antes de meterlas en el horno.

 INGREDIENTES PARA 4 PERSONAS

4 alcachofas

200 g de olivas negras

1 cebolla

1 limón

perejil – orégano

aceite de oliva virgen extra

pimienta

 TIEMPO DE PREPARACIÓN
1 HORA Y 10 MINUTOS

ACOMPAÑAMIENTO
CARNE

ALCACHOFAS A LA GRIEGA

Para empezar, pele las alcachofas eliminando las hojas más duras y las espinas; limpie los tallos quitando posibles filamentos. Páselas por agua con zumo de limón. En una cazuela ponga la cebolla cortada en anillos, coloque las alcachofas con los tallos hacia arriba, añada algunos granos de pimienta y las olivas y espolvoree orégano. Vierta tres cucharadas de aceite y un vaso de agua; póngalas a fuego lento durante unos 30 minutos; si es necesario, añada agua. En la última cocción, espolvoree el perejil picado y sírvalas.

Un consejo más

En la realización de cualquier receta que tenga como ingredientes alcachofas o cardos, para que estos mantengan su color y no oscurezcan es recomendable, tras eliminar las hojas y las espinas, frotarlos con limón y sumergirlos en agua con zumo de limón.

 INGREDIENTES PARA 4 PERSONAS

4 alcachofas

2 limones

1 diente de ajo

perejil

menta

aceite de oliva virgen extra

sal

TIEMPO DE PREPARACIÓN
30 MINUTOS

ACOMPAÑAMIENTO
PESCADO Y CARNE AL VAPOR

ALCACHOFAS AL VAPOR

Pele las alcachofas eliminando las hojas exteriores más duras y páselas por agua con zumo de limón. Cuézalas al vapor durante 20 minutos en una olla con agua, rodajas de limón y perejil.

Mientras tanto, machaque el ajo y utilícelo para dar sabor a cuatro cucharadas de aceite, perejil y menta picados. Disponga las alcachofas en un plato de servir, sálelas ligeramente y condiméntelas con el aceite aromatizado; distribuya un poco de corteza rallada de limón.

Sírvalas tibias o a temperatura ambiente.

 INGREDIENTES PARA 4 PERSONAS

4 alcachofas

1 limón

1 diente de ajo

menta poleo

aceite de oliva virgen extra

sal

TIEMPO DE PREPARACIÓN
40 MINUTOS

ACOMPAÑAMIENTO
HUEVOS; QUESOS

ALCACHOFAS TROCEADAS

Pele las alcachofas eliminando las hojas más duras y las espinas; limpie los tallos quitándoles los posibles filamentos, sumerja las alcachofas en agua con zumo de limón y córtelas en gajos finos.

En una sartén, dore el diente de ajo en tres cucharadas de aceite, añada las alcachofas, rectifique de sal, tápelas y deje a fuego moderado durante 20 minutos.

Remueva de vez en cuando y, si es necesario, añada medio vaso de agua. Unos minutos antes de terminar la cocción espolvoree por encima una cantidad abundante de menta. Sírvalas calientes.

 INGREDIENTES PARA 4 PERSONAS

1 kg de cardos

60 g de parmesano rallado

60 g de mantequilla

1 limón

sal

TIEMPO DE PREPARACIÓN
1 HORA Y 30 MINUTOS

ACOMPAÑAMIENTO
ASADOS DE CARNE

CARDOS A LA PARMESANA

Pele los cardos, sáqueles los filamentos, córtelos y déjelos en remojo en agua con zumo de limón. Lleve a ebullición abundante agua salada y cueza en ella los cardos durante unos 30 minutos; a continuación, escúrralos. Unte después con mantequilla las paredes y el fondo de una fuente para horno y reparta por ella los cardos en capas, condimentando con copos pequeños de mantequilla y queso rallado; continúe hasta que se acaben los ingredientes. Hornéelos durante 45 minutos a 180 °C con el horno previamente calentado.

INGREDIENTES PARA 6 PERSONAS

1,5 kg de cardos
100 g de queso de oveja rallado
50 g de pan rallado
30 g de olivas negras sin hueso
20 g de alcaparras
4 anchoas
1 limón
perejil
aceite de oliva virgen extra
sal

TIEMPO DE PREPARACIÓN
1 HORA

ACOMPAÑAMIENTO
INDICADO COMO SEGUNDO PLATO

CARDOS GRATINADOS

Pele bien los cardos, quíteles los filamentos, córtelos en trozos y déjelos en remojo en agua y zumo de limón.

Lleve a ebullición abundante agua salada y ponga a hervir los cardos durante unos 20 minutos. Cuélelos y deje que entibien.

Ponga en una fuente una cucharada de aceite, coloque sobre ella una capa de cardos y espolvoréelos con un puñado de perejil picado, alcaparras, olivas, algún trocito de anchoa, queso de oveja y pan rallado; riéguelos con un hilo de aceite. Siga colocando capas hasta que se acaben los ingredientes.

Hornee, con el horno previamente calentado, a 200 °C durante casi 15 minutos, hasta que la superficie esté cubierta por una costra dorada.

Sírvalos calientes.

 INGREDIENTES PARA 4 PERSONAS

600 g de zanahorias
30 g de pasas de Corinto
30 g de almendras
2 limones
1 manzana Granny Smith
aceite de oliva virgen extra
sal - pimienta

 TIEMPO DE PREPARACIÓN
15 MINUTOS

 ACOMPAÑAMIENTO
CARNE EN SALSA

ZANAHORIAS CON ALMENDRAS

Pele las zanahorias y córtelas en juliana. Ponga en remojo las pasas durante 10 minutos en agua tibia, y después escúrralas y séquelas.

Lave la manzana, séquela, elimine el corazón, córtela en rodajas y báñela con el zumo de un limón.

Trocee las almendras y corte en tiras la corteza de un limón. Ponga todos los ingredientes en una ensaladera y alíñelos con cuatro cucharadas de aceite, zumo de limón, sal y pimienta. Reparta en platos individuales y sirva.

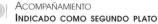 INGREDIENTES PARA 4 PERSONAS

500 g de zanahorias

100 g de gruyer

50 g de mantequilla

40 g de jamón cocido

3 dl de leche

harina blanca

nuez moscada

perejil

sal

TIEMPO DE PREPARACIÓN
1 HORA

ACOMPAÑAMIENTO
INDICADO COMO SEGUNDO PLATO

ZANAHORIAS GRATINADAS

Despunte las zanahorias, rásquelas, lávelas y hiérvalas. Escúrralas y deje que se enfríen. Prepare una bechamel con 30 g de mantequilla, una cucharada de harina y leche. Cuando la saque del fuego, sálela y perfúmela con una pizca de nuez moscada. Corte la zanahoria en rodajas, el gruyer en dados pequeños y el jamón en tiras delgadas. Distribuya los ingredientes en una fuente para horno untada con mantequilla, junto con la bechamel; espolvoree perejil picado y distribuya algunos copos de mantequilla. Hornee a 220 °C, con el horno previamente calentado, durante 15 minutos. Sírvalo al instante.

INGREDIENTES PARA 4 PERSONAS

1 kg de zanahorias enanas

100 g de mantequilla

azúcar

tomillo

sal

 TIEMPO DE PREPARACIÓN
40 MINUTOS

 ACOMPAÑAMIENTO
CARNE; PESCADO

ZANAHORIAS ENANAS GLASEADAS

Limpie las zanahorias y póngalas en una sartén con 50 g de mantequilla, una cucharadita de azúcar, sal y medio vaso de agua. Cuézalas con la tapa durante 10 minutos.

Pasado este tiempo, retire la tapa y continúe la cocción hasta la total evaporación del agua; añada la mantequilla restante, y un poco de tomillo espolvoreado y saltéelo todo unos 5 minutos más, de forma que las zanahorias se vuelvan brillantes. Sírvalas calientes o tibias.

 INGREDIENTES PARA 4 PERSONAS

1 kg de coliflor

300 g de tomate

1 cebolla

1 limón

1 diente de ajo

aceite de oliva virgen extra

sal

 TIEMPO DE PREPARACIÓN
40 MINUTOS

 ACOMPAÑAMIENTO
CARNE

COLIFLOR A LA NIZARDA

Pele la coliflor y divídala en ramitos; lávela y póngala a hervir en agua salada durante 15 minutos; después escúrrala.

Corte la cebolla en dados pequeños, póngala en una cazuela con el ajo, la pulpa del tomate y la corteza del limón. Cuézalo a fuego medio durante casi 10 minutos, añada los ramitos de coliflor, rectifique de sal y continúe la cocción durante 10 minutos más. Pasado ese tiempo, aparte la cazuela del fuego, añada tres cucharadas de aceite, remueva con cuidado y sirva.

 Un consejo

Para evitar que el olor de la col, la coliflor o el bróculi se propague durante la cocción, ponga una cucharada de vinagre o una hoja de laurel en el agua de cocción, o un trozo de pan mojado en vinagre sobre la tapa de la olla.

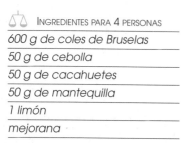

INGREDIENTES PARA 4 PERSONAS

1 kg de coliflor

300 g de salsa Mornay

parmesano rallado

mantequilla

sal

TIEMPO DE PREPARACIÓN
1 HORA

ACOMPAÑAMIENTO
INDICADO COMO SEGUNDO PLATO

Coliflor gratinada

Limpie la coliflor, divídala en ramitos, lávela y póngala a hervir durante 15 minutos en agua salada hirviendo. Escúrrala y deje que se enfríe.

Unte con mantequilla una fuente de horno, reparta por el fondo dos cucharadas de salsa Mornay, disponga la coliflor, sálela y cúbrala con el resto de la salsa.

Espolvoree queso rallado y póngala en el horno ya caliente a 200 °C durante unos 25 minutos.

Sírvala caliente.

Salsa Mornay

Es una de las salsas más utilizadas para el gratinado de verdura. Se prepara calentando 200 g de bechamel y mezclándola con 50 g de gruyer rallado y un huevo batido con 100 g de nata.

INGREDIENTES PARA 4 PERSONAS

600 g de coles de Bruselas

50 g de cebolla

50 g de cacahuetes

50 g de mantequilla

1 limón

mejorana

TIEMPO DE PREPARACIÓN
30 MINUTOS

ACOMPAÑAMIENTO
PESCADO; CARNE BLANCA

Coles de Bruselas con cacahuetes

En un recipiente, trabaje 40 g de mantequilla con una cucharada de mejorana picada; extienda la mezcla sobre una hoja de papel parafinado, con un grosor de casi 2 cm, y déjela endurecer en el frigorífico.

Mientras tanto, cueza las coles en agua salada hirviendo durante 10 minutos, y escúrralas pasado ese tiempo. A continuación, dore en una cazuela la cebolla cortada en rodajas con la mantequilla restante, y añada las coles; deje que tome sabor durante 5 minutos. Seguidamente, apártelas del fuego, riéguelas con dos cucharadas de zumo de limón e incorpore los cacahuetes finamente picados. Con moldes para galletas dé a la mantequilla aromatizada la forma que le guste (corazón, flor, etcétera). Ponga las coles en platos individuales y adórnelas con la mantequilla aromatizada.

Sírvalas al instante.

COL LOMBARDA EN SALSA AGRIDULCE

INGREDIENTES PARA 6 PERSONAS: *1 col lombarda - 1 manzana - 30 g de mantequilla - vinagre blanco - azúcar - gelatina de grosella - sal*

TIEMPO DE PREPARACIÓN
2 HORAS Y 30 MINUTOS

ACOMPAÑAMIENTO
CARNE DE CERDO

Limpie la col; después de lavarla bien, píquela en trocitos finos. Vierta en una cacerola 1 dl de agua, añada la mantequilla, una cucharada de azúcar, dos de vinagre y una pizca de sal y llévelo a ebullición. Incorpore la col, cubra la cacerola con la tapa y deje que hierva durante 2 horas a fuego medio. Durante la cocción, si es necesario, añada más agua. Diez minutos antes del final de la cocción agregue dos cucharadas de gelatina de grosella y la manzana, pelada y cortada en dados pequeños. Dispóngalo todo en el plato de presentación. Sírvalo tibio.

INGREDIENTES PARA 4 PERSONAS

1 kg de cebolletas blancas

20 g de mantequilla

caldo

vinagre

azúcar

sal

TIEMPO DE PREPARACIÓN
1 HORA Y 10 MINUTOS

ACOMPAÑAMIENTO
ASADOS DE CARNE Y DE PESCADO

CEBOLLETAS GLASEADAS

Pele y lave las cebolletas. En una cazuela amplia diluya la mantequilla; a continuación, añada las cebolletas, sal, una cucharada de azúcar y una de vinagre.

Cúbralo todo y deje que se haga a fuego moderado.

Pasados unos 30 minutos gire las cebolletas para que tomen color de forma homogénea.

Déjelas 30 minutos más al fuego, regando con caldo caliente de vez en cuando para que las cebolletas permanezcan blandas y se forme una salsa parecida a un jarabe. Sírvalas calientes.

INGREDIENTES PARA 4 PERSONAS

300 g de cebollas

300 g de zanahorias

caldo

mantequilla

tomillo

romero

salvia

sal

pimienta

TIEMPO DE PREPARACIÓN
40 MINUTOS

ACOMPAÑAMIENTO
ASADO DE CARNE

CEBOLLAS Y ZANAHORIAS A LAS HIERBAS AROMÁTICAS

Limpie las zanahorias y las cebollas y córtelas en rodajas. A continuación, pique las hierbas aromáticas y dórelas en una sartén con una nuez de mantequilla; añada entonces las verduras y saltéelas a fuego moderado durante 5 minutos.

Añada dos cucharones de caldo, tápelo y deje estofar a fuego lento durante 15 minutos; salpimiente.

Sírvalo caliente.

⚖ INGREDIENTES PARA 4 PERSONAS

700 g de pencas de acelga

30 g de gorgonzola

3 dl de leche

1 huevo

sal

pimienta

🕐 TIEMPO DE PREPARACIÓN
50 MINUTOS

🍽 ACOMPAÑAMIENTO
HUEVOS; QUESO; EMBUTIDOS

PENCAS CON GORGONZOLA

Separe las pencas de las hojas de la acelga, elimine las hebras, lávelas, séquelas y córtelas en bastoncillos. En un recipiente bata la yema del huevo con dos cucharadas de leche. En una cazuela caliente la leche; incorpore las pencas, salpiméntelas, tápelas y déjelas a fuego moderado durante 15 minutos. Remueva de vez en cuando. Escúrralas y colóquelas en una fuente para horno.

En una cazuela pequeña ponga el gorgonzola en trocitos y la mezcla de yema y leche y deje que se funda a fuego lento removiendo continuamente con una cuchara de madera.

Vierta la salsa obtenida sobre las pencas y hornéelas a 180 °C con el horno ya caliente; gratínelas durante 10 minutos. Sírvalas calientes.

Un consejo

Las verduras de hoja (acelgas, espinacas, etc.) conservarán sus propiedades si las pone a hervir en muy poca agua. Para conservar el color, no sale demasiado el agua y cuézalas con la olla sin tapar.

⚖ INGREDIENTES PARA 4 PERSONAS

1,5 kg de pencas de acelga

100 g de tomates

1 cebolla

aceite de oliva virgen extra

sal

🕐 TIEMPO DE PREPARACIÓN
1 HORA Y 30 MINUTOS

🍽 ACOMPAÑAMIENTO
ASADOS DE CARNE

PENCAS SALTEADAS

Pele y lave muy bien las pencas de acelga, incluyendo parte de la hoja, y póngalas a hervir en agua salada durante unos minutos.

Cuélelas y córtelas en trozos grandes.

A continuación, caliente en una sartén tres cucharadas de aceite con la cebolla picada y añada los tomates; después incorpore las pencas sazonadas, y téngalas a fuego moderado durante unos 30 minutos, removiendo de vez en cuando.

Sírvalas calientes.

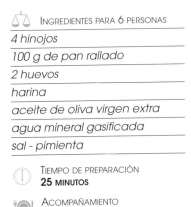

INGREDIENTES PARA 6 PERSONAS

4 hinojos

100 g de pan rallado

2 huevos

harina

aceite de oliva virgen extra

agua mineral gasificada

sal - pimienta

TIEMPO DE PREPARACIÓN
25 MINUTOS

ACOMPAÑAMIENTO
**ASADOS DE CARNE Y PESCADO;
INDICADO TAMBIÉN COMO
SEGUNDO PLATO**

RAMILLETES DE HINOJO

Pele y lave el hinojo; córtelo en gajos no demasiado gruesos.

Prepare en un cuenco una pasta con los huevos, dos cucharadas de harina, tres de agua mineral gasificada muy fría, sal y pimienta.

Pase los trozos de hinojo por la pasta, después por el pan rallado y, por último, fríalos en abundante aceite hirviendo hasta que se doren uniformemente.

Sírvalos calientes.

INGREDIENTES PARA 4 PERSONAS

10 alcachofas

200 g de nata

100 g de bechamel

1 huevo

1 limón

1 diente de ajo

perejil - mantequilla

aceite de oliva virgen extra

sal

TIEMPO DE PREPARACIÓN
1 HORA Y 30 MINUTOS

ACOMPAÑAMIENTO
INDICADO COMO SEGUNDO PLATO

CÚPULA DE ALCACHOFAS

Pele las alcachofas, córtelas en rodajas finas y páselas por agua con zumo de limón.

Utilice las mejores rodajas para revestir por dentro un molde ligeramente untado con mantequilla.

Saltee los trozos restantes de alcachofa en la sartén con tres cucharadas de aceite y el ajo picado, y después páselos por la batidora.

Incorpore entonces la bechamel, el huevo batido, la nata y el perejil picado; rectifique de sal.

Vierta la mezcla en el molde y prénsela ligeramente. Póngala después al baño María en el horno durante 45 minutos a 180 °C.

Deje enfriar 10 minutos antes de desmoldar en un plato de presentación.

Sirva la cúpula tibia.

Cocción al baño María

Consiste en sumergir la cacerola que contiene los alimentos que hay que cocer en otro recipiente más o menos profundo, lleno hasta la mitad de agua casi en ebullición. Generalmente la cocción al baño María se hace en el horno, pero puede efectuarse también en el fuego. Tiene como objetivo cocer la comida a una temperatura constante, que no supere los 190 °C. También sirve para mantener caliente algún preparado delicado.

JUDÍAS A LA CAZUELA

⚖ INGREDIENTES PARA 4 PERSONAS: *500 g de judías finas - 150 g de jamón cocido - 125 g de yogur - 50 g de panceta - 50 g de parmesano rallado - 3 huevos -1 diente de ajo - 1 cebolla - mantequilla - sal - pimienta*

🕐 TIEMPO DE PREPARACIÓN
1 HORA

🍽 ACOMPAÑAMIENTO
INDICADO COMO SEGUNDO PLATO

Pele, lave y hierva las judías.

Corte la panceta en dados pequeños y dórelos junto con la cebolla y el ajo picados en 30 g de mantequilla.

A continuación, añada las judías, hasta que cojan gusto, y el jamón cortado en tiras. Déjelo todo en el fuego durante 2 minutos y luego viértalo en una fuente para horno untada con mantequilla.

En un recipiente, bata los huevos; añada un puñado de parmesano rallado, el yogur, la sal y la pimienta; líguelo todo bien.

Vierta la mezcla sobre las judías, espolvoree el resto de parmesano por encima y póngalo en el horno ya caliente a 200 °C durante 10 minutos.

Sírvalo caliente.

INGREDIENTES PARA 4 PERSONAS

2 kg de habas

160 g de queso parmesano

2 cebollas

ajedrea blanca

aceite de oliva virgen extra

sal

pimienta

TIEMPO DE PREPARACIÓN
20 MINUTOS

ACOMPAÑAMIENTO
CARNE

HABAS CON CEBOLLA Y AJEDREA BLANCA

Desgrane las habas y hiérvalas en agua ligeramente salada durante unos 10 minutos; escúrralas y deje que se enfríen. En un plato de presentación, ponga las habas junto con el parmesano cortado en escamas.

Corte las cebollas en rodajas, lave un manojo de ajedrea y píquela.

Añada estos dos ingredientes a las habas y alíñelo todo con sal, pimienta y aceite.

Sírvalo al momento.

INGREDIENTES PARA 4 PERSONAS

500 g de habas

150 g de queso fresco

100 g de queso de oveja

50 g de atún en aceite

20 g de alcaparras

2 cebollas

aceite de oliva virgen extra

sal

pimienta

TIEMPO DE PREPARACIÓN
40 MINUTOS

ACOMPAÑAMIENTO
INDICADO COMO SEGUNDO PLATO

HABAS A LA GRIEGA

En primer lugar, hierva las habas en agua salada durante unos 15 minutos; escúrralas.

En un cuenco, o con la batidora, trabaje el queso fresco, el atún escurrido, las alcaparras y una cucharada de aceite; salpimiente.

Ponga en una ensaladera las cebollas cortadas en anillos finos y las habas, aliñe con la mezcla de queso.

Añada el queso de oveja cortado en daditos y sírvalo.

  INGREDIENTES PARA 4 PERSONAS

1 kg de hinojo

4 cebolletas

1 limón

perejil

semillas de hinojo

aceite de oliva virgen extra

sal

pimienta

TIEMPO DE PREPARACIÓN
40 MINUTOS

ACOMPAÑAMIENTO
PESCADO

HINOJO AL ESTILO GRIEGO

Corte el hinojo en partes iguales, con cuidado de mantener las «barbas» aparte. Lávelo y póngalo en una cacerola con las cebolletas cortadas en trozos grandes, las semillas de hinojo, las barbas, la sal y la pimienta. Añada 1 dl de aceite fino y un vaso de agua.

Póngalo al fuego y llévelo a ebullición; déjelo a fuego moderado unos 30 minutos, de forma que el hinojo esté al dente.

Apártelo del fuego, añada por encima abundante perejil picado y zumo de limón.

Deje que entibie y sírvalo.

 Un consejo

El hinojo es un alimento rico en potasio y en vitaminas. Es muy aconsejable por sus propiedades digestivas.

Hinojo gratinado

INGREDIENTES PARA 6 PERSONAS: *1 kg de hinojo - 200 g de bechamel - 15 g de panceta - 6 lonchas de queso - parmesano rallado - perejil - mantequilla - nuez moscada - sal - pimienta*

TIEMPO DE PREPARACIÓN
50 MINUTOS

ACOMPAÑAMIENTO
INDICADO COMO SEGUNDO PLATO

Pele el hinojo, córtelo en ocho gajos, lávelos y póngalos a hervir durante 5 minutos en agua salada; escúrralos y deje que entibien. Unte con mantequilla una fuente de horno y coloque los trozos de hinojo en fila en su interior, repartiendo entre un gajo y otro la panceta y las lonchas de queso cortadas en tiras. Espolvoree parmesano y perejil picado por encima. Caliente la bechamel y condiméntela con sal, pimienta y una pizca de nuez moscada. Vierta la salsa sobre el hinojo, espolvoree parmesano de nuevo y hornéelo, con el horno previamente calentado, a 200 °C durante 25 minutos. Sírvalo caliente.

INGREDIENTES PARA 6 PERSONAS

5 tomates

4 calabacines - 3 berenjenas

2 pimientos verdes

2 pimientos rojos

2 cebollas - 2 dientes de ajo

aceite de oliva virgen extra

romero - albahaca

sal - pimienta

TIEMPO DE PREPARACIÓN
1 HORA

ACOMPAÑAMIENTO
ASADO DE CARNE

FRICANDÓ DE VERDURAS

Corte los pimientos por la mitad, elimine las semillas y la parte blanca, lávelos y córtelos en trozos grandes junto con las berenjenas y los calabacines. Caliente en una fuente para horno cinco cucharadas de aceite; añada las cebollas y el ajo picados finos, y deje que se doren unos 10 minutos sin dejar de remover. Incorpore entonces las verduras, salpimiéntelas y espolvoree romero y albahaca en polvo. Tape la fuente y póngala en el horno, ya caliente, a 220 °C durante 45 minutos. Sirva el fricandó caliente.

Fritura de verduras mixtas

INGREDIENTES PARA 4 PERSONAS: *300 g de puerros - 100 g de pan rallado - 100 g de queso Mahón - 2 zanahorias - 2 tallos de apio - 1 huevo - 1 diente de ajo - aceite de oliva virgen extra - mantequilla - harina - tomillo - mejorana - sal - pimienta*

TIEMPO DE PREPARACIÓN
30 MINUTOS

ACOMPAÑAMIENTO
INDICADO COMO SEGUNDO PLATO

Limpie las verduras, corte los puerros en tiras y el apio en bastoncillos. Ralle las zanahorias. Ponga todas las verduras en una cacerola con una cucharada de aceite y una de agua. Deje que cuezan durante 10 minutos sin poner la tapa. A continuación, aparte la cacerola del fuego y deje que se enfríe. Seguidamente, añada a las verduras 50 g de harina, el huevo, el pan rallado, el queso Mahón desmenuzado, la sal, la pimienta y el tomillo y la mejorana picados. Haga que ligue todo muy bien y moldéelo en forma de albóndigas; páselas por harina blanca. Caliente en una sartén 20 g de mantequilla y dore las albóndigas. Elimine el exceso de grasa con una hoja de papel absorbente de cocina. Sírvalas calientes.

 INGREDIENTES PARA 4 PERSONAS

800 g de setas

1 diente de ajo

perejil

1 guindilla

aceite de oliva virgen extra

sal

 TIEMPO DE PREPARACIÓN
40 MINUTOS

ACOMPAÑAMIENTO
CARNE; HUEVOS

SETAS TROCEADAS

Limpie las setas con ayuda de un cepillito y de una esponja húmeda para eliminar muy bien la tierra y córtelas en tiras.

Ponga en una cazuela tres cucharadas de aceite y el diente de ajo; dórelo y añada las setas y la guindilla.

A continuación, sálelo y déjelo a fuego medio durante unos 30 minutos, removiendo de vez en cuando.

Al finalizar la cocción añada el perejil picado.

Sírvalo caliente o tibio.

La alternativa

Para preparar esta receta se pueden utilizar diferentes tipos de setas y también champiñones. Hay que recordar que hay algunas setas que requieren una cocción prolongada.

 INGREDIENTES PARA 6 PERSONAS

500 g de brotes de soja

jengibre

perejil

salsa de soja

aceite de oliva virgen extra

sal

 TIEMPO DE PREPARACIÓN
20 MINUTOS

ACOMPAÑAMIENTO
CARNE

BROTES DE SOJA SALTEADOS

Para empezar, caliente en una cazuela tres cucharadas de aceite y añada los brotes de soja lavados y bien escurridos, una cucharada de jengibre y la sal; saltéelo unos minutos a fuego fuerte.

A continuación, añada una cucharada de salsa de soja y déjelo todavía 5 minutos al fuego.

Sírvalo enseguida.

Maíz
GRATINADO
CON TOMATE

⚖ INGREDIENTES PARA 4 PERSONAS
400 g de maíz
100 g de tomate triturado
60 g de parmesano rallado
30 g de pan rallado
1 pimiento rojo
1 pimiento verde
2 cebollas
1 guindilla
aceite de oliva virgen extra
sal

🕐 TIEMPO DE PREPARACIÓN
1 HORA

🍽 ACOMPAÑAMIENTO
INDICADO COMO SEGUNDO PLATO

Lave los pimientos, quíteles las semillas y la parte blanca y córtelos en tiras.

Sofría las cebollas picadas y los pimientos en una cazuela con cuatro cucharadas de aceite; añada entonces el tomate triturado y condimente con sal y guindilla. Deje a fuego lento durante 15 minutos.

Mientras tanto, escurra el maíz del líquido de conservación, enjuáguelo, cuélelo de nuevo y añádalo a los pimientos. Continúe la cocción 10 minutos más. Vierta todo en una cazuela para horno, espolvoree por encima pan rallado y parmesano rallado; con el horno previamente calentado, hornee a 180 °C durante 20 minutos, hasta que se gratine.

Sírvalo caliente.

INGREDIENTES PARA 6 PERSONAS

4 alcachofas

250 g de habas

250 g de guisantes

200 g de panceta

6 zanahorias pequeñas

4 cebollas tiernas

2 dientes de ajo

aceite de oliva virgen extra

cebollino

sal - pimienta

 TIEMPO DE PREPARACIÓN
40 MINUTOS

ACOMPAÑAMIENTO
CARNE DE CERDO Y BLANCA

MEZCLA DE VERDURAS DE ABRIL

Limpie las alcachofas y quíteles las hojas más duras y las espinas; a continuación, sumérjalas en agua con zumo de limón; córtelas a trozos.

Hierva por separado todas las verduras en agua salada durante 15 minutos; escúrralas bien.

Dore en una cazuela, en tres cucharadas de aceite, la panceta cortada en daditos y añada el ajo y las verduras hervidas.

Para acabar, salpimiente y deje al fuego 10 minutos más. Espolvoree cebollino picado por encima y sírvalo.

⚖ Ingredientes para 6 personas

1 kg de patatas

400 g de gruyer

40 g de mantequilla

5 dl de leche

2 huevos

nuez moscada

sal

pimienta

 Tiempo de preparación
1 hora

 Acompañamiento
Indicado como segundo plato

Patatas gratinadas

Monde las patatas, lávelas, séquelas y córtelas en rodajas de un centímetro de grosor.

A continuación, unte con mantequilla una fuente para horno y coloque las patatas alternándolas con lonchas de gruyer.

Aparte, bata los huevos, sálelos, añada la leche, pimienta y nuez moscada y vierta la mezcla sobre las patatas.

Reparta por la superficie algún copo de mantequilla y hornee, con el horno previamente calentado, a 200 °C durante 40 minutos.

INGREDIENTES PARA 4 PERSONAS

200 g de ensalada mixta
(hoja de roble, lolo rojo, etc.)

150 g de nata ácida

4 kumquat

2 limas

2 caquis a la vainilla

1 hinojo

mayonesa

ketchup

eneldo

sal

pimienta

TIEMPO DE PREPARACIÓN
30 MINUTOS

ACOMPAÑAMIENTO
INDICADO COMO PLATO ÚNICO

ENSALADA DE TRES FRUTAS

Limpie y lave la ensalada mixta; lave el hinojo y córtelo en trozos finos.

Disponga las verduras en cuatro platos, añada las limas y los kumquat en rodajas finas.

A continuación, lave los caquis y córtelos en rodajas delgadas, póngalos en los platos junto con los manojos de eneldo.

Vierta en un recipiente dos cucharadas de mayonesa, la nata ácida, una cucharada de *ketchup*, sal y pimienta, y mézclelo todo para que ligue bien.

Sirva la salsa como condimento para la ensalada; adorne con rizos de piel de lima.

INGREDIENTES PARA 4 PERSONAS

250 g de ensalada mixta

200 g de ricota

100 g de queso fresco de cabra

1 racimo de uva blanca

1 limón

1 manojo de oruga

aceite de oliva virgen extra

semillas de sésamo

sal

pimienta

TIEMPO DE PREPARACIÓN
30 MINUTOS

ACOMPAÑAMIENTO
INDICADO COMO PLATO ÚNICO

ENSALADA DE UVAS

Lave y escurra la ensalada y la oruga; córtelas en trozos.

Seguidamente, lave y desgrane el racimo de uvas.

Ponga la ensalada, la oruga y las uvas en una ensaladera y alíñelas con aceite, zumo de limón, sal y pimienta.

A continuación, mezcle en un cuenco el ricota, el queso fresco, sal y pimienta; líguelo bien todo y forme con la pasta unas bolitas que deberá rebozar con las semillas de sésamo.

Por último, ponga las bolitas en la ensaladera y sirva la ensalada.

ENDIBIAS CON QUESO

⚖ INGREDIENTES PARA 4 PERSONAS: *4 endibias - 4 lonchas de queso - 1 diente de ajo - mantequilla - vino espumoso - caldo vegetal*

🕐 TIEMPO DE PREPARACIÓN
30 MINUTOS

🍽 ACOMPAÑAMIENTO
INDICADO COMO SEGUNDO PLATO

Lave las endibias, córtelas por la mitad y dórelas con el ajo y una nuez de mantequilla; riéguelas con medio vaso de vino espumoso, cúbralas con el caldo (viértalo lentamente) y cuézalas durante 20 minutos a fuego lento, sin tapar. Ponga las lonchas de queso sobre las endibias, tape la cazuela y deje que se fundan. Sirva este plato inmediatamente.

Ingredientes para 4 personas

2 manojos de escarola

250 g de judías finas

100 g de gorgonzola

4 tomates

2 huevos

1 pimiento amarillo

1 limón

mostaza

nata

aceite de oliva virgen extra

azúcar

perejil

sal

pimienta

Tiempo de preparación
30 minutos

 Acompañamiento
Indicado como plato único

Ensalada con salsa de gorgonzola

Limpie las judías y hiérvalas en agua salada durante 10 minutos. Escúrralas y haga que se enfríen poniéndolas bajo un chorro de agua fría. Lave la escarola, escúrrala y trocéela. Colóquela en un plato de servir junto con las judías. Añada los tomates troceados en gajos y el pimiento cortado en rodajas. Mezcle bien en un cuenco las yemas de huevo, una cucharadita de azúcar, media de mostaza, sal y pimienta. Incorpore dos cucharadas de zumo de limón, poco a poco, y 3 dl de aceite gota a gota y siga batiendo con la batidora. Aumente gradualmente la cantidad de aceite hasta que caiga a chorro fino. Trabaje la mezcla hasta obtener una salsa densa. Añada entonces dos cucharadas de nata y el gorgonzola desmenuzado. Para acabar, añada perejil picado y vierta la mezcla en una salsera. Sirva la ensalada acompañada de la salsa.

INGREDIENTES PARA 4 PERSONAS

1 lechuga

125 g de yogur

30 g de olivas negras

4 tomates

2 cebollas tiernas

1 pimiento amarillo

1 limón

1 manzana Granny Smith

1 pepino

cebollino

mejorana

aceite de oliva virgen extra

sal

pimienta

TIEMPO DE PREPARACIÓN
30 MINUTOS
+ 1 HORA PARA QUE REPOSE LA SALSA

ACOMPAÑAMIENTO
CARNE A LA PARRILLA

ENSALADA DE LOS BALCANES

Lave, escurra y trocee la lechuga; póngala en una ensaladera.

A continuación, limpie el pimiento, elimine las semillas y la parte blanca y córtelo en dados pequeños. Lave los tomates y las cebollas, trocéelos y póngalos en la ensaladera junto con las olivas y el pimiento.

Limpie la manzana, quítele la piel y el corazón, trocee la mitad y rocíela con el zumo de medio limón; pele el pepino y pique la mitad junto con el resto de manzana; ponga los trocitos en un cuenco con el yogur, la sal, la pimienta y la mejorana picada; añada el aceite, líguelo todo bien y adórnelo con el cebollino troceado.

Cubra la salsa con film de cocina y póngala en el frigorífico al menos 1 hora.

Aliñe la ensalada con la salsa y sírvala.

Ensalada de los trópicos

⚖ INGREDIENTES PARA 4 PERSONAS: *1 bote de palmitos al natural - 2 manojos de escarola - 100 g de jamón crudo en una sola loncha - 2 huevos duros - 1 manojo de oruga - aceite de oliva virgen extra - vinagre - sal - pimienta*

⏱ TIEMPO DE PREPARACIÓN
20 MINUTOS

🍴 ACOMPAÑAMIENTO
INDICADO COMO PLATO ÚNICO

Lave la escarola y la oruga; trocéelas. Elimine el líquido de conservación de los palmitos y córtelos en rodajas. Corte también rodajas de huevo duro y dados de jamón crudo. Reúna todos los ingredientes en una ensaladera y aliñe con una vinagreta preparada con aceite, vinagre, sal y pimienta. Remueva con cuidado y sírvala.

Ingredientes para 4 personas

200 g de ensalada mixta

125 g de yogur

50 g de brotes de soja

8 calabacines pequeños con flor

2 ramas de apio blanco

1 cebolla blanca tierna

1 manojo de oruga

1 pimiento rojo

1 pimiento amarillo

1 pepino

eneldo fresco

pimentón

vinagre - sal

 Tiempo de preparación
1 hora

Acompañamiento
Pescado a la parrilla

Ensalada del huerto

Lave y escurra los brotes de soja, la ensalada y la oruga, y trocéelo todo en una ensaladera. Añada los calabacines, el apio y la cebolla tierna cortados en rodajas, y los pimientos cortados en tiras pequeñas.

A continuación, ponga en un cuenco el pepino pelado y cortado en dados, sálelo y métalo en la nevera durante unos 30 minutos.

Prepare mientras tanto la salsa: en un recipiente mezcle tres cucharaditas de eneldo, una pizca de pimentón, la sal, una cucharada de vinagre y el yogur; cúbralo todo con film de cocina y póngalo en el frigorífico. Seque bien el pepino y mézclelo con la salsa.

Remueva y aliñe con la mezcla la ensalada preparada anteriormente; adórnela con las flores de calabacín que habrá reservado.

ENSALADA DE ZANAHORIAS Y UVAS

INGREDIENTES PARA 6 PERSONAS: *300 g de zanahoria - 1 limón - 1 racimo de uva blanca - cebollino - aceite de oliva virgen extra - salsa worchester - sal - pimienta*

TIEMPO DE PREPARACIÓN
20 MINUTOS

ACOMPAÑAMIENTO
CARNE; PESCADO

Para empezar despunte las zanahorias; rásquelas, lávelas y córtelas en juliana. Pele las uvas. En una ensaladera, mezcle seis cucharadas de aceite con el zumo colado de medio limón, una pizca de salsa worchester, sal y pimienta. Vierta en la salsa las uvas y la zanahoria.

Remueva bien, espolvoree cebollino cortado por encima y sirva la ensalada.

INGREDIENTES PARA 4 PERSONAS

200 g de berros

150 g de champiñones

vinagre

aceite de oliva virgen extra

sal

 TIEMPO DE PREPARACIÓN
40 MINUTOS

ACOMPAÑAMIENTO
QUESOS; HUEVOS

ENSALADA DE BERROS Y CHAMPIÑONES

Pele los berros, elimine los tallos demasiado duros y lávelos bien; escúrralos.

Limpie los champiñones eliminando la parte terrosa de los tallos; lávelos y séquelos al momento con papel absorbente de cocina.

Después córtelos en láminas un poco gruesas.

Reúna los champiñones y los berros en una ensaladera y alíñelos con una vinagreta preparada con sal, dos cucharadas de vinagre y cinco de aceite. Remuévalo todo bien y sírvalo al momento.

Un consejo

No prepare nunca anticipadamente los champiñones; al poco de cortarlos pierden su frescura.

 INGREDIENTES PARA 4 PERSONAS

12 rábanos

3 ramas de hinojo

2 zanahorias

1 manzana Granny Smith

1 limón

mayonesa

TIEMPO DE PREPARACIÓN
20 MINUTOS

ACOMPAÑAMIENTO
ASADOS DE PESCADO

ENSALADA DE HINOJO Y RÁBANOS

Limpie el hinojo y los rábanos y trocéelos; pele las zanahorias y córtelas en juliana. A continuación, elimine el corazón de la manzana, córtela en dados pequeños y échele el zumo de limón por encima. Póngalo todo junto en una ensaladera y alíñelo con dos cucharadas de mayonesa aromatizada con un chorrito de zumo de limón.

INGREDIENTES PARA 4 PERSONAS

4 tallos de hinojo

150 g de gorgonzola

100 g de nueces

1 limón

aceite de oliva virgen extra

vinagre

sal

TIEMPO DE PREPARACIÓN
30 MINUTOS

ACOMPAÑAMIENTO
INDICADO COMO SEGUNDO PLATO

ENSALADA DE HINOJO, NUECES Y GORGONZOLA

Limpie el hinojo y córtelo en rodajas finas. Póngalo en una ensaladera.

Mezcle en un cuenco el zumo de medio limón con una cucharada de vinagre y el gorgonzola picado; líguelo bien añadiendo aceite poco a poco hasta obtener una crema fluida.

Por último, vierta la crema sobre el hinojo, remueva bien y adorne con trocitos de nuez.

 INGREDIENTES PARA 4 PERSONAS

1 lechuga

1 escarola

300 g de zanahorias enanas

125 g de yogur

100 g de frambuesas

100 g de uva

100 g de queso fresco

2 manojos de rábanos

2 tallos de apio

aceite de oliva virgen extra

*vinagre con aroma de
frambuesa*

sal

pimienta

TIEMPO DE PREPARACIÓN
30 MINUTOS

ACOMPAÑAMIENTO
INDICADO COMO PLATO ÚNICO

ENSALADA DE FRUTAS DEL BOSQUE Y VERDURA

Pele y lave las lechugas, la verdura y la fruta.

Haga unos cortes cruzados en los rábanos y sumérjalos en agua helada para que se abran como flores.

Hierva las zanahorias al dente y deje que se enfríen.

A continuación, ligue bien el queso fresco con el yogur y una cucharada de aceite.

Corte el apio en rodajas; coloque en cada plato unas hojas de lechuga y de escarola, unos rábanos, zanahorias, rodajas de apio, frambuesas, uvas y, en el centro del plato, una cucharada de salsa de queso.

Mezcle en un recipiente cuatro cucharadas de aceite, dos de vinagre de frambuesa y la sal necesaria. Aliñe la ensalada en el momento de servir.

Conservar la ensalada

Para ahorrar tiempo, puede colocar la ensalada ya limpia en la nevera, preparándola del modo siguiente: límpiela bien, lávela y pásela por la centrifugadora de verduras para que escurra completamente el agua. Podrá conservarla en la nevera incluso durante dos o tres días, envuelta en un trapo de cocina.

INGREDIENTES PARA 4 PERSONAS

2 corazones de apio blanco

200 g de yogur

160 g de queso parmesano

4 nueces

1 ramillete de rábanos

1 limón

aceite de oliva virgen extra

sal

pimienta

TIEMPO DE PREPARACIÓN
50 MINUTOS

ACOMPAÑAMIENTO
INDICADO COMO PLATO ÚNICO

ENSALADA DE APIO Y PARMESANO CON SALSA DE NUECES

Lave el apio y córtelo en tiras; déjelo 30 minutos en remojo en agua helada, para que se rice.

Lave los rábanos y córtelos en pequeños gajos.

Escurra las tiras de apio y póngalas en una ensaladera con los rábanos y unas hojas de apio.

Cúbralo con el parmesano cortado en escamas.

Mezcle en un cuenco el yogur con el zumo del limón, dos cucharadas de aceite, sal, pimienta y las nueces picadas.

Vierta la crema en la ensalada y sírvala.

INGREDIENTES PARA **4** PERSONAS

1 kg de aguaturmas

200 g de pan casero

60 g de panceta

1 limón

cebollino

aceite de oliva virgen extra

sal

pimienta

TIEMPO DE PREPARACIÓN
20 MINUTOS

ACOMPAÑAMIENTO
INDICADO COMO PLATO ÚNICO

ENSALADA DE AGUATURMA

Cueza la aguaturma en abundante agua salada, escúrrala y deje que entibie. Después, pélela y córtela en rodajas. Ponga los trozos en una ensaladera con aceite, el zumo del limón, sal y pimienta.

Dore en una sartén la panceta hasta que esté crujiente. Sáquela de la sartén y póngala sobre una hoja de papel absorbente de cocina.

Corte en dados pequeños el pan y dórelo en el aceite donde ha frito la panceta; colóquelo después sobre una hoja de papel absorbente.

Añada los dados de pan y la panceta a la aguaturma, remueva bien y espolvoree cebollino picado.

Ensalada tibia de espárragos

 INGREDIENTES PARA 4 PERSONAS
400 g de espárragos
200 g de apio blanco
100 g de oruga
4 tomates
1 trufa blanca
1 limón
aceite de oliva virgen extra
sal - pimienta

 TIEMPO DE PREPARACIÓN
20 MINUTOS

ACOMPAÑAMIENTO
CARNE

Corte el apio en tiras finas; trocee dos tomates en dados pequeños y corte los otros dos por la mitad; pele, lave y seque la oruga.

Lave los espárragos, quíteles la parte blanca, átelos en ramillete y deje que hiervan en agua salada durante 10 minutos.

Mientras tanto, prepare la salsa de limón disolviendo dos pizcas de sal en tres cucharadas de zumo de limón, añadiendo una pizca de pimienta y cinco cucharadas de aceite.

Escurra los espárragos y colóquelos en platos previamente calentados; rodéelos con la verdura de acompañamiento.

Adorne la ensalada con láminas de trufa y sírvala acompañada de la salsa de limón.

ENSALADA TIBIA CON SETAS

 INGREDIENTES PARA 4 PERSONAS

200 g de setas
150 g de gruyer
100 g de gorgonzola
60 g de panceta ahumada
50 g de farro ya reblandecido y hervido
1 tomate - 1 cebolla tierna
1 diente de ajo
aceite de oliva virgen extra
vinagre - azúcar - mostaza
sal - pimienta

TIEMPO DE PREPARACIÓN
50 MINUTOS

ACOMPAÑAMIENTO
INDICADO COMO SEGUNDO PLATO

Dore en una sartén el farro con una cucharada de aceite. Escúrralo sobre una hoja de papel absorbente y ponga en la sartén las lonchas de panceta; déjelas en el fuego 3 minutos, hasta que estén crujientes. Caliente en otra sartén una cucharada de aceite y vierta las setas en rodajas y el ajo. Déjelo en el fuego unos 15 minutos. Incorpore la panceta, el resto del aceite, dos cucharadas de vinagre, una pizca de azúcar, media cucharadita de mostaza, sal y pimienta; deje que tome sabor durante unos segundos. Apártelo del fuego y viértalo todo en una ensaladera. Remueva con cuidado y espolvoree el farro por encima. Añada el gruyer y el tomate cortados en dados, la cebolla en aros y el gorgonzola desmenuzado. Sirva la ensalada tibia.

Ingredientes para 4 personas

200 g de canónigos

200 g de lolo rojo

125 g de yogur entero

100 g de berros

20 flores de violeta

8 rabanitos

2 tallos de apio

1 limón - mayonesa

sal - pimienta

Tiempo de preparación
30 minutos

Acompañamiento
Carne blanca

Ensalada de violetas

Limpie, lave y escurra las ensaladas y colóquelas en una ensaladera junto con las flores de violeta. Corte los tallos de apio en rodajas y los rábanos por la mitad; incorpórelos a los demás ingredientes de la ensaladera. Limpie los berros, lávelos y échelos también en la ensaladera. Mezcle en un recipiente el yogur con dos cucharadas de mayonesa, el zumo y la corteza rallada del limón, sal y pimienta; remuévalo todo hasta que ligue bien. Sirva la ensalada con la salsa obtenida.

INGREDIENTES PARA 4 PERSONAS

12 hojas de col

750 g de patatas

100 g de nata

30 g de setas secas

4 huevos

cebolla

mantequilla

sal

pimienta

TIEMPO DE PREPARACIÓN
1 HORA

ACOMPAÑAMIENTO
INDICADO COMO PLATO ÚNICO

PAQUETITOS DE COL Y PATATA

Ponga las setas en remojo con agua tibia; lave las patatas y póngalas a hervir durante 40 minutos.

Mientras tanto, escalfe las hojas de col durante 5 minutos en agua salada hirviendo. A continuación, escúrralas, extiéndalas sobre un trapo y elimine la parte dura del tallo central.

Pele las patatas, páselas por el pasapurés y póngalas en un recipiente junto con dos cucharadas de nata, una nuez de mantequilla, sal y pimienta; remuévalo todo muy bien.

Escurra las setas, séquelas y píquelas. Páselas por la sartén con una nuez de mantequilla y deje que cuezan a fuego medio durante 10 minutos. Añádalas al puré de patatas y remueva bien.

Reparta la mezcla obtenida sobre las hojas de col y ciérrelas formando pequeñas bolsitas. Colóquelas en una fuente de horno untada con mantequilla y cúbralas con una salsa preparada con los huevos, la nata restante, sal y pimienta.

Espolvoree por la superficie la cebolla picada y unos copos de mantequilla. Hornee con el horno ya caliente a 180 °C durante 30 minutos.

Sírvalo caliente.

Hervir las patatas

Para hervir las patatas siempre hay que partir del frío, es decir, se debe iniciar la cocción con las patatas ya sumergidas en el agua; así evitará que se exfolien en su superficie. Además, el agua nunca debe hervir demasiado fuerte.

COGOLLOS RELLENOS

⚖ INGREDIENTES PARA 4 PERSONAS: *4 cogollos - 100 g de olivas negras sin hueso - 50 g de filetes de anchoa - 50 g de alcaparras - aceite de oliva virgen extra - sal*

🕐 TIEMPO DE PREPARACIÓN
50 MINUTOS

🍽 ACOMPAÑAMIENTO
INDICADO COMO SEGUNDO PLATO

Elimine de cada cogollo las hojas externas marchitas. Lave los cogollos y escúrralos bien. Trocee las olivas y los filetes de anchoa y, junto con las alcaparras, distribúyalos entre las hojas. Coloque los cogollos en una cazuela con dos cucharadas de aceite, y espolvoree sal; cubra la cazuela con su tapa y póngala en el fuego, moderado, durante unos 25 minutos. Sírvalos calientes.

RAMILLETES DE HORTALIZAS CON NARANJA

⚖ INGREDIENTES PARA 6 PERSONAS: *600 g de judías finas - 600 g de calabacines - 200 g de mayonesa - 1 puerro - 1 naranja*

🕐 TIEMPO DE PREPARACIÓN
50 MINUTOS

🍽 ACOMPAÑAMIENTO
PESCADO

Elimine el extremo de los calabacines, lávelos y córtelos en bastoncillos de la misma longitud. Despunte las judías, elimine el hilo lateral y córtelas a la misma altura. Cueza los calabacines y las judías al vapor, divídalos en varios ramilletes atándolos con tiras de puerro.

A continuación, vierta en una salsera la mayonesa y líguela con el zumo colado de la naranja; distribuya por la superficie la corteza de naranja cortada en tiras. Ponga los ramilletes de calabacín y de judías en platos; adórnelos con dientes de naranja y sírvalos con la salsa mayonesa aromatizada con naranja.

 Ingredientes para 4 personas

800 g de berenjenas

300 g de mozzarella

300 g de tomate triturado

queso rallado

albahaca

aceite de oliva virgen extra

sal

Tiempo de preparación
50 minutos

Acompañamiento
Indicado como segundo plato

Berenjenas a la parmesana

Primero quite el tallo a las berenjenas, lávelas, séquelas y córtelas, a lo largo, en lonchas de 1 cm de grosor. Caliente en una sartén abundante aceite, vaya pasando por ella las lonchas de berenjena y fríalas, girándolas de vez en cuando, durante unos 3 minutos. Sáquelas de la sartén con un tenedor y póngalas sobre papel de cocina absorbente. Mientras escurren, prepare una sencilla salsa con el tomate triturado, una cucharada de aceite, unas hojas de albahaca y sal. Póngala al fuego durante 15 minutos. Corte la mozzarella en rodajas y déjela a un lado. Reparta en una fuente para horno una capa de berenjenas, unas rodajas de mozzarella y salsa de tomate. Continúe colocando capas hasta que se acaben los ingredientes. Por último, espolvoree abundante queso rallado por encima. Hornee a 220 °C y cueza durante 15 minutos, hasta que la superficie empiece a mostrar una ligera costra.

Sírvalo tibio o a temperatura ambiente.

 Ingredientes para 6 personas

2 berenjenas grandes

2 dientes de ajo

perejil

pan rallado - mantequilla

queso rallado

aceite de oliva virgen extra

sal

Tiempo de preparación
1 hora

Acompañamiento
Pescado; también indicado como segundo plato

Mosaico de berenjenas

Lave y seque las berenjenas, elimine después el tallo. Córtelas por la mitad a lo largo, y luego haga una incisión sin llegar a cortar la piel. Ponga en las fisuras el ajo cortado en rodajas muy finas y el perejil picado. Coloque las berenjenas en una tartera ligeramente untada con mantequilla, con la parte cortada hacia arriba; sálelas y riéguelas con un hilo de aceite. Hornéelas a 200 °C durante 30 minutos. Saque la tartera del horno y espolvoree sobre las berenjenas una mezcla de pan y queso rallados; presione ligeramente con el dorso de una cuchara. Riegue con más aceite y hornee de nuevo durante unos 10 minutos, hasta que se dore la superficie. Sírvalo tibio o frío.

La alternativa

La versión presentada aquí es la básica de una receta que puede modificarse al gusto poniendo en los cortes de las berenjenas rodajas de tomate, alcaparras, filetes de anchoa, alcachofas cortadas muy finas, etc.

PASTEL DE CALABAZA

 INGREDIENTES PARA 4 PERSONAS

800 g de calabaza limpia
45 g de mantequilla
30 g de pan rallado
3 huevos
1 diente de ajo
1 cebolla
leche
perejil
tomillo
sal - pimienta

 TIEMPO DE PREPARACIÓN
1 HORA Y 30 MINUTOS

ACOMPAÑAMIENTO
INDICADO COMO
PLATO ÚNICO

Hierva la calabaza en abundante agua salada durante casi 30 minutos; escúrrala y redúzcala a puré. Bata los huevos en un recipiente con medio vaso de leche.

Añada la calabaza; después incorpore la mantequilla reblandecida a temperatura ambiente, el pan rallado, la cebolla picada, el ajo machacado y perejil y tomillo majados.

Salpimiéntelo y remuévalo hasta obtener una mezcla homogénea.

Vierta la mezcla en un molde de corona untado con una nuez de mantequilla y hornéela a 180 °C durante casi 45 minutos.

Saque el pastel del horno en un plato y sírvalo acompañado de salsa Mornay.

PATATAS DE LEÑADOR

⚖ INGREDIENTES PARA 4 PERSONAS
500 g de patatas
500 g de setas
cebollino
aceite de oliva virgen extra
vino rosado
sal - pimienta

🕐 TIEMPO DE PREPARACIÓN
30 MINUTOS

🍽 ACOMPAÑAMIENTO
HUEVOS; QUESOS

Lave las patatas y hiérvalas durante 40 minutos.

Escúrralas y pélelas.

A continuación, ponga en una sartén al fuego, durante unos minutos, un chorrito de aceite con las setas en rodajas y el cebollino troceado.

Mientras tanto, corte las patatas en rodajas, colóquelas en un plato de servir y écheles encima las setas escalfadas. Condimente con aceite, sal, pimienta y medio vaso de vino rosado.

Sírvalo al momento.

INGREDIENTES PARA 4 PERSONAS

600 g de patatas

600 g de cebollas

orégano

aceite de oliva virgen extra

sal

TIEMPO DE PREPARACIÓN
1 HORA Y 20 MINUTOS

ACOMPAÑAMIENTO
CARNE; HUEVOS

PATATAS AL HORNO CON CEBOLLA Y ORÉGANO

Pele las patatas y las cebollas y córtelas en rodajas. Dispóngalas en capas en una tartera para horno antiadherente. Condimente la primera capa con aceite, orégano y sal. Continúe hasta que se agoten los ingredientes. Hornéelas a 180 °C durante aproximadamente 1 hora y sírvalas calientes.

INGREDIENTES PARA 4 PERSONAS

1 kg de patatas nuevas

60 g de panceta ahumada

romero

aceite de oliva virgen extra

sal

pimienta

 TIEMPO DE PREPARACIÓN
1 HORA Y 20 MINUTOS

 ACOMPAÑAMIENTO
INDICADO COMO SEGUNDO PLATO

PATATAS A LA MEXICANA

Lave y rasque bien las patatas; córtelas en forma de bastoncitos con el utensilio adecuado.

Póngalas en un recipiente y condiméntelas con aceite, sal, pimienta y romero.

Prepare rectángulos de papel de aluminio, uno por persona; coloque sobre cada uno una loncha de panceta y una parte de las patatas.

Cierre bien los paquetes y póngalos en una tartera. Hornéelos a 190 °C, con el horno previamente calentado, durante casi 1 hora.

Abra los paquetes y colóquelos sobre platos.

INGREDIENTES PARA 4 PERSONAS

500 g de patatas

5 dl de leche

1 cebolla

salvia

mantequilla

sal

pimienta blanca

TIEMPO DE PREPARACIÓN
45 MINUTOS

ACOMPAÑAMIENTO
CARNE; HUEVOS

PATATAS CON LECHE

Pele las patatas, córtelas en trozos regulares y póngalas en una cacerola con la cebolla en rodajas, una nuez de mantequilla, tres hojas de salvia y un poco de sal. Vierta por encima la leche, tape la cacerola y déjela a fuego lento durante 30 minutos, removiendo con cuidado de vez en cuando.

Écheles pimienta y sírvalas calientes o tibias.

INGREDIENTES PARA 4 PERSONAS

1 kg de patatas

perejil

aceite de oliva virgen extra

sal

pimienta

TIEMPO DE PREPARACIÓN
40 MINUTOS

ACOMPAÑAMIENTO
CARNE; PESCADO; HUEVOS

PATATAS CON PEREJIL

Lave bien las patatas y hiérvalas durante unos 30 minutos. Escúrralas, pélelas y córtelas en rodajas.

Ponga las patatas en una ensaladera y alíñelas con mucho aceite, sal, pimienta y perejil picado.

Sírvalas tibias o a temperatura ambiente.

INGREDIENTES PARA 4 PERSONAS

500 g de patatas

50 g de panceta ahumada

1 pimiento verde

1 cebolla

guindilla

aceite de oliva virgen extra

vinagre

sal

TIEMPO DE PREPARACIÓN
50 MINUTOS

ACOMPAÑAMIENTO
INDICADO COMO SEGUNDO

PATATAS CRIOLLAS

Pique la cebolla y estófela en una cacerola con dos cucharadas de aceite y la panceta cortada en dados. Añada las patatas peladas y cortadas en dados no demasiado pequeños, el pimiento en tiras y agua hasta que quede todo cubierto.

Sálelo ligeramente, cúbralo y deje que se haga a fuego lento, removiendo con cuidado de vez en cuando durante 30 minutos; poco antes de que acabe la cocción, añada una pizca de guindilla picada y un chorrito de vinagre.

Sírvalo tibio.

INGREDIENTES PARA 4 PERSONAS

700 g de patatas dulces

1 cebolla pequeña

1 limón

caldo vegetal

harina integral

perejil

mantequilla

 TIEMPO DE PREPARACIÓN
1 HORA

ACOMPAÑAMIENTO
CARNE

PATATAS DULCES DE LUISIANA

Lave las patatas y cuézalas en agua salada hirviendo durante 40 minutos. Después déjelas enfriar, pélelas y córtelas en grandes dados. Disuelva en una sartén una nuez de mantequilla y eche la cebolla en rodajas; deje que se dore a fuego lento; a continuación, añada una cucharada de harina y remueva bien; riegue con tres cazos de caldo y lleve a ebullición, sin dejar de remover, hasta que la salsa tenga consistencia. Añada entonces una cucharada de perejil picado y el zumo de limón, así como las patatas; remueva con cuidado.

Viértalo en un plato de servir y espolvoree un poco más de perejil picado.

INGREDIENTES PARA 4 PERSONAS

300 g de patatas

200 g de pan rallado

50 g de queso de oveja rallado

4 tomates

2 cebollas

orégano

aceite de oliva virgen extra

sal

 TIEMPO DE PREPARACIÓN
1 HORA Y 15 MINUTOS

 ACOMPAÑAMIENTO
CARNE A LA PARRILLA

PATATAS A LA LUCANA

Corte las patatas, las cebollas y los tomates en rodajas y colóquelos por capas en una fuente para horno untada con aceite, condimentando todas las capas con sal y orégano.

Complete la última capa con pan rallado y queso de oveja rallado. Riegue con abundante aceite y hornee en el horno ya caliente a 180 °C durante aproximadamente 1 hora.

Sírvalo caliente.

 INGREDIENTES PARA 4 PERSONAS

500 g de patatas

100 g de panceta cortada

2 cebollas

aceite de oliva virgen extra

sal

pimienta

TIEMPO DE PREPARACIÓN
45 MINUTOS

ACOMPAÑAMIENTO
INDICADO COMO SEGUNDO PLATO

PATATAS SAZONADAS

Pique las cebollas y póngalas a fuego lento en una cacerola con una cucharada de aceite y la panceta cortada en dados. Cuando la cebolla se vuelva transparente, añada las patatas peladas y cortadas en trozos grandes. Sálelo todo y cúbralo con agua; ponga la tapa a la cacerola y déjela a fuego lento durante unos 30 minutos, removiendo con cuidado de vez en cuando. Si se secara antes de que acabase la cocción, vaya añadiendo agua caliente; al final las patatas deberían estar un poco deshechas y haber absorbido toda el agua. Condiméntelas con pimienta y sírvalas calientes.

 INGREDIENTES PARA 4 PERSONAS

1 kg de patatas

romero

hinojo silvestre

aceite de oliva virgen extra

sal

pimienta

 TIEMPO DE PREPARACIÓN
1 HORA

 ACOMPAÑAMIENTO
CARNE; HUEVOS

PATATAS PERFUMADAS

Pele las patatas, lávelas y córtelas en dados; escálfelas en agua salada hirviendo durante unos 6 minutos. A continuación, escúrralas y páselas a una fuente de horno.

Condiméntelas entonces con cuatro cucharadas de aceite, sal, pimienta, romero e hinojo.

Hornéelas a 180 °C durante unos 45 minutos.

Sírvalas calientes.

Patatas salteadas con puerros y champiñones

INGREDIENTES PARA 6 PERSONAS: *1,2 kg de patatas - 500 g de champiñones - 150 g de panceta ahumada - 2 cebollas - 2 puerros - aceite para freír - sal - pimienta*

TIEMPO DE PREPARACIÓN
50 MINUTOS

ACOMPAÑAMIENTO
INDICADO COMO SEGUNDO PLATO

Lave muy bien las patatas, póngalas en una olla con agua fría salada y deje que hiervan durante 25 minutos. A continuación, pélelas, córtelas en rodajas y dórelas en una sartén con un poco de aceite, sal y pimienta. En otra sartén, dore la panceta cortada en tiras junto con los champiñones, los puerros cortados en rodajas y sal. Cuando acabe la cocción añada las verduras a las patatas y deje que tomen sabor durante unos minutos. Sírvalas calientes.

INGREDIENTES PARA 4 PERSONAS

500 g de patatas

60 g de panceta

1 cebolla

romero

aceite de oliva virgen extra

sal

pimentón

 TIEMPO DE PREPARACIÓN
30 MINUTOS

ACOMPAÑAMIENTO
CARNE; HUEVOS

PATATAS SABROSAS

Lave las patatas, pélelas y córtelas en bastoncitos. Trocee la panceta en tiras.

Pele la cebolla y córtela en rodajas de forma que se obtengan anillos perfectos. Después ponga a calentar en una sartén el aceite, y cuando esté bien caliente vierta las patatas y dórelas. Añada la panceta y la cebolla.

A continuación, sálelo todo, añada romero y espolvoree una pizca de pimentón. Remueva con cuidado y continúe la cocción durante 5 minutos más. Dispóngalo todo en un plato y sírvalo.

INGREDIENTES PARA 4 PERSONAS

12 guindillas verdes
con forma alargada

100 g de carne de cerdo
magra picada

50 g de jamón cocido

50 g de atún

50 g de arroz

1 diente de ajo

caldo vegetal

vino blanco seco

aceite de oliva virgen extra

tomillo - mejorana

sal - pimienta blanca

TIEMPO DE PREPARACIÓN
1 HORA

ACOMPAÑAMIENTO
INDICADO COMO SEGUNDO PLATO

GUINDILLAS RELLENAS A LA SARTÉN

Para empezar, lave las guindillas, córteles la parte superior y elimine las semillas. Pase por la picadora la carne, el jamón, el atún, el arroz (previamente hervido), una pizca de tomillo, una de mejorana y un poco de pimienta. Póngalo todo en una cazuela y dórelo con tres cucharadas de aceite; añada a continuación dos cazos de caldo vegetal y el ajo. Déjelo en el fuego durante 15 minutos, añadiendo la parte superior de las guindillas a mitad de cocción. Ponga las guindillas en un plato de presentación y déjelas a un lado. Añada medio vaso de vino al fondo de cocción de las guindillas y deje que reduzca. Apártelo del fuego y, removiendo bien, añada tres cucharadas de aceite y sal. Retire el ajo y rellene las guindillas con la pasta obtenida. Aromatícelas con una pizca de tomillo y mejorana, y condiméntelas con la salsa obtenida con el vino. Sírvalas al momento.

 INGREDIENTES PARA 4 PERSONAS

4 pimientos medianos

150 g de pan rallado

120 g de parmesano rallado

30 g de alcaparras

2 anchoas

aceite de oliva virgen extra

sal

pimienta

TIEMPO DE PREPARACIÓN
1 HORA Y 10 MINUTOS

 ACOMPAÑAMIENTO
INDICADO COMO SEGUNDO PLATO

PIMIENTOS RELLENOS

Pele los pimientos y sáqueles las semillas y la parte blanca. Retire la parte superior y córtelos por la mitad.

A continuación, caliente en una sartén tres cucharadas de aceite; añada las anchoas picadas, el parmesano y el pan rallados, así como las alcaparras; déjelo todo a fuego fuerte durante 2 minutos; salpimiente.

Rellene los medios pimientos con el preparado, colóquelos en una fuente de horno untada con aceite y hornéelos, con el horno previamente calentado, a 220 °C durante unos 45 minutos.

Sírvalos tibios.

PIMIENTOS A LA PARRILLA

INGREDIENTES PARA 4 PERSONAS

4 pimientos
1 diente de ajo
albahaca
aceite de oliva virgen
extra - sal

TIEMPO DE PREPARACIÓN
30 MINUTOS
+ 30 MINUTOS
DE REPOSO

ACOMPAÑAMIENTO
CARNE

Ponga los pimientos enteros o cortados sobre la parrilla y deles la vuelta según se vaya ennegreciendo la piel. Póngalos en una bolsa de papel y deje que reposen media hora. Rasque la piel, elimine las semillas y córtelos en tiras gruesas. Dispóngalos en un plato, sálelos y espolvoree por encima albahaca y ajo cortado en tiras pequeñas. Riéguelos con aceite. Sírvalos a temperatura ambiente.

INGREDIENTES PARA 6 PERSONAS

3 pimientos (rojos y amarillos)

2 dientes de ajo

30 g de alcaparras

aceite de oliva virgen extra

orégano

sal

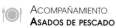

TIEMPO DE PREPARACIÓN
30 MINUTOS **+ 1** HORA DE REPOSO

ACOMPAÑAMIENTO
ASADOS DE PESCADO

PIMIENTOS MARINADOS

Después de quitar la piel a los pimientos, córtelos en tiras. Póngalos en un recipiente y espolvoree por encima ajo picado o cortado en rodajas, orégano y alcaparras.

Riéguelos con abundante aceite y añada sal al gusto.

Antes de servirlos, deje que reposen en el frigorífico al menos durante 1 hora.

Cómo pelar los pimientos

Ponga sobre la parrilla los pimientos. Vaya dándoles la vuelta de vez en cuando: tendrán que estar completamente tostados. Apártelos del fuego y métalos dentro de una bolsa de papel. Cuando se hayan enfriado, sáquelos de la bolsa y páselos por debajo del grifo abierto, para que se elimine bien la piel tostada. Séquelos y córtelos en tiras.

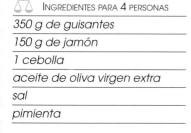

INGREDIENTES PARA 4 PERSONAS

350 g de guisantes

150 g de jamón

1 cebolla

aceite de oliva virgen extra

sal

pimienta

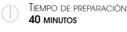

TIEMPO DE PREPARACIÓN
40 MINUTOS

ACOMPAÑAMIENTO
CARNE

GUISANTES CON JAMÓN

Pique finamente la cebolla y póngala en una cacerola con dos cucharadas de aceite; estófela y añada también el jamón cortado en dados pequeños; déjelo sofreír durante 5 minutos e incorpore los guisantes.

Vierta agua tibia hasta que queden cubiertos los guisantes, rectifique de sal y continúe con la cocción durante 30 minutos a fuego medio, removiendo de vez en cuando.

Cuando acabe la cocción, espolvoree un poco de pimienta por encima.

Sírvalo caliente.

La alternativa

Para este plato, en lugar del jamón crudo se puede utilizar panceta cortada en dados pequeños.

POLENTA DE PATATA

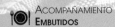

⚖ INGREDIENTES PARA 6 PERSONAS: *1 kg de patatas - 40 g de mantequilla - 2 cebollas - harina - aceite de oliva virgen extra - sal*

🕐 TIEMPO DE PREPARACIÓN
1 HORA

🍽 ACOMPAÑAMIENTO
EMBUTIDOS

Hierva en agua salada las patatas, peladas previamente, de forma que pierdan el exceso de almidón. Dore en una sartén las cebollas, troceadas finamente, con la mantequilla y dos cucharadas de aceite; cuando estén doradas añada la harina. Déjelo aparte. Pase las patatas por el tamiz y viértalas en una olla de polenta junto con el sofrito anteriormente preparado. Deje que se cueza durante 5-6 minutos, removiendo con el batidor. Cuando acabe la cocción vierta la polenta en un cuenco y sírvala cortándola en lonchas. Es perfecta tanto caliente como fría.

⚖ INGREDIENTES PARA 4 PERSONAS

4 berenjenas

250 g de tomates

50 g de parmesano rallado

60 g de pan rallado

2 huevos

perejil

albahaca

aceite para freír

sal

🕐 TIEMPO DE PREPARACIÓN
1 HORA Y 15 MINUTOS

🍽 ACOMPAÑAMIENTO
INDICADO COMO SEGUNDO PLATO

ALBÓNDIGAS DE BERENJENA

Pele las berenjenas, córtelas en daditos y póngalas en un colador de pasta, espolvoreadas con sal, durante 15 minutos.

Aclárelas y hiérvalas en agua hirviendo durante 10 minutos. Escúrralas bien y póngalas en un recipiente. Aplástelas, añádales los huevos, el queso rallado y una cucharada de perejil picado. Rectifique de sal y añada dos cucharadas de pan rallado.

Con la pasta obtenida prepare las albóndigas; páselas después por el pan rallado y fríalas en aceite hirviendo.

Escalde durante un minuto los tomates en agua hirviendo; escúrralos y pélelos. Páselos por el tamiz y añada la albahaca picada. Rectifique de sal.

Vierta la salsa obtenida sobre un plato de servir. Coloque también las albóndigas todavía tibias y sírvalas.

⚖ INGREDIENTES PARA 4 PERSONAS

8 tomates

5 anchoas

2 dientes de ajo

perejil

pan rallado

aceite de oliva virgen extra

sal

pimienta

🕐 TIEMPO DE PREPARACIÓN
1 HORA

🍽 ACOMPAÑAMIENTO
PESCADO; HUEVOS

TOMATES CON ANCHOAS

Lave los tomates, córtelos por la mitad y vacíelos; reserve la pulpa en un recipiente.

Prepare una pasta con las anchoas, el ajo y el perejil. Mezcle esta pasta con la pulpa de los tomates en el recipiente y añada un puñado de pan rallado.

Condimente con sal, pimienta y aceite, y remueva hasta obtener una crema homogénea.

Rellene los medios tomates con el preparado, colóquelos en una fuente para horno, riéguelos con aceite y póngalos en el horno caliente a 160 °C durante 45 minutos.

Sírvalos indistintamente calientes o fríos.

 INGREDIENTES PARA 6 PERSONAS

8 tomates

1 pimiento amarillo

1 berenjena

1 calabacín

1 cebolla

albahaca

aceite de oliva virgen extra

sal

pimienta

TIEMPO DE PREPARACIÓN
1 HORA

ACOMPAÑAMIENTO
HUEVOS

TOMATES CON VERDURAS

Lave los tomates, córtelos por la mitad y vacíelos; reserve la pulpa. Sálelos y póngalos a escurrir.

Mientras tanto, pele, lave y trocee el resto de verduras. Ponga en una cacerola dos cucharadas de aceite y dore la cebolla picada fina; añada las verduras, cubra la cacerola y cuézalo todo a fuego bajo durante 15 minutos. Rectifique de sal y pimienta y añada hojas de albahaca troceadas. Rellene los tomates con la mezcla obtenida, colóquelos en una fuente de horno untada con aceite y hornéelos a 200 °C durante 30 minutos. Sírvalos tibios.

 INGREDIENTES PARA 4 PERSONAS

3 tomates

2 berenjenas

50 g de pan rallado

50 g de parmesano rallado

2 huevos

2 dientes de ajo

1 cebolla

albahaca - mantequilla

aceite de oliva virgen extra

sal

TIEMPO DE PREPARACIÓN
50 MINUTOS

ACOMPAÑAMIENTO
INDICADO COMO SEGUNDO PLATO

TOMATES Y BERENJENAS EN TARTERA

Lave las berenjenas, retire el peciolo y córtelas en pequeños dados. Escálfelas en agua salada hirviendo durante 5 minutos; escúrralas y resérvalas.

Estofe la cebolla y los ajos finamente picados en una cazuela con una cucharada de aceite.

Bata los huevos en un recipiente con una pizca de sal, y añada entonces la berenjena, la cebolla y el ajo reblandecidos y unas hojas de albahaca troceada; remueva bien.

Vierta la mezcla en una fuente de horno ligeramente untada con mantequilla, riéguela con un hilo de aceite y disponga encima los tomates troceados en láminas. Espolvoree pan y queso rallados por encima y añada una cucharada de aceite.

Hornee a 190 °C durante 35 minutos con el horno previamente calentado. Sírvalo caliente.

INGREDIENTES PARA 4 PERSONAS

1 kg de manzanas Granny Smith

50 g de mantequilla

sal - pimienta blanca

TIEMPO DE PREPARACIÓN
40 MINUTOS

ACOMPAÑAMIENTO
CARNE DE CERDO

PURÉ DE MANZANAS

Pele las manzanas, sáqueles el corazón y córtelas en trocitos. Póngalas en una cacerola y cúbralas con agua; añada la mitad de la mantequilla y déjelas hervir, removiendo con frecuencia, hasta que se ablanden.

Apártelas del fuego y conviértalas en puré con la batidora. Póngalas de nuevo en una cazuela a fuego lento con el resto de la mantequilla, sal y un poco de pimienta blanca. Remuévalo todo bien y sirva el puré cuando todavía esté caliente.

 INGREDIENTES PARA 4 PERSONAS

500 g de calabaza

20 g de mantequilla

2 dl de leche

2 dientes de ajo

1 patata

menta

perejil

sal

TIEMPO DE PREPARACIÓN
40 MINUTOS

ACOMPAÑAMIENTO
CARNE BLANCA

PURÉ DE CALABAZA AROMATIZADA

Cueza al vapor la calabaza y la patata peladas y cortadas en dados durante 15 minutos. Páselo todo por la batidora o el pasapurés y redúzcalo a puré.

A continuación, viértalo en una cacerola y añada la leche y el ajo majado; póngalo a fuego lento y remueva con frecuencia con un batidor. Pasados unos 10 minutos, añada la mantequilla en trocitos y un poco de sal, sin dejar de remover vigorosamente con el batidor para obtener una crema ligeramente montada.

Apártela entonces del fuego y añada sal y un manojo de perejil y menta picados finos.

Sirva el puré templado o a temperatura ambiente.

RATATOUILLE CON UVAS

⚖ INGREDIENTES PARA 4 PERSONAS: *4 tomates - 3 calabacines - 2 patatas - 1 pimiento - 1 cebolla - 1 tallo de apio - 1 manzana - 1 racimo de uva blanca y rosada - aceite de oliva virgen extra - perejil - mejorana - estragón - sal - pimienta*

🕐 TIEMPO DE PREPARACIÓN
2 HORAS

🍴 ACOMPAÑAMIENTO
QUESOS

Pele, lave y trocee las verduras en pedazos regulares. Desgrane el racimo de uvas; pele la manzana, elimine el corazón y córtela en trocitos. Vierta todos los ingredientes en una fuente para horno y añada hierbas aromáticas picadas. Riéguelo con cuatro cucharadas de aceite y medio vaso de agua. Salpimiéntelo y hornéelo a 200 °C en un recipiente cubierto, durante casi 1 hora y 30 minutos, sin remover y regando de vez en cuando, si es necesario, con un poco de agua caliente. Sírvalo caliente.

INGREDIENTES PARA 4 PERSONAS

500 g de rabanitos

1 naranja

20 g de mantequilla

sal

pimienta

TIEMPO DE PREPARACIÓN
30 MINUTOS

ACOMPAÑAMIENTO
CARNE ASADA O HERVIDA

RÁBANOS CON NARANJA

Limpie los rábanos y póngalos a cocer al vapor durante unos 15 minutos (tienen que estar tiernos por fuera pero crujientes por dentro). Con un cuchillo pequeño y muy afilado, corte largas tiras de corteza de naranja, píquelas finas y guarde una cucharada aparte. A continuación, exprima la naranja. En una sartén grande disuelva la mantequilla, vierta el zumo de naranja y deje que hierva durante unos 2 minutos; entonces añada los rábanos y salpimiéntelo todo. Deje sofreír durante 3 minutos a fuego fuerte, añada la corteza de naranja que había dejado apartada y cuézalos durante 1 minuto.

Sírvalos inmediatamente.

RÖSTI

INGREDIENTES PARA 4 PERSONAS: *750 g de patatas - 60 g de gruyer - 45 g de mantequilla - 1 cebolla - sal - pimienta*

TIEMPO DE PREPARACIÓN
50 MINUTOS

ACOMPAÑAMIENTO
CARNE; INDICADO TAMBIÉN COMO SEGUNDO PLATO

Pele las patatas y rállelas con un rallador de agujeros gruesos; añada la cebolla picada. Ralle el queso y, con un tenedor, líguelo a las patatas. Salpimiente. En una sartén grande antiadherente disuelva la mantequilla, vierta la mezcla anterior y aplástela uniformemente con una paleta. Cuézala durante 15 minutos a fuego medio, dele la vuelta y cuézala 10 minutos más. Colóquela en un plato de presentación y sírvala al momento.

INGREDIENTES PARA 4 PERSONAS

2 escarolas

50 g de olivas

30 g de alcaparras

1 diente de ajo

1 guindilla

aceite de oliva virgen extra

sal

 TIEMPO DE PREPARACIÓN
40 MINUTOS

ACOMPAÑAMIENTO
PESCADO

ESCAROLA CAPRICHOSA

Pele y lave las escarolas; póngalas en agua hirviendo salada durante unos 10 minutos. Escúrralas y córtelas en trozos grandes. Ponga a dorar en una cazuela, con dos cucharadas de aceite, el ajo y una guindilla picante. Añada las escarolas, cubra la cazuela y deje que tomen gusto durante 5 minutos. Incorpore entonces las alcaparras y las olivas, rectifique de sal y deje que se cueza durante 10 minutos más, removiendo de vez en cuando. Sírvalas calientes.

 INGREDIENTES PARA 4 PERSONAS

300 g de zanahorias

1 l de leche

2 huevos

1 cebolla

caldo vegetal

mantequilla

pimienta

 TIEMPO DE PREPARACIÓN
40 MINUTOS

ACOMPAÑAMIENTO
**PESCADO; TAMBIÉN INDICADO
COMO SEGUNDO PLATO**

PEQUEÑOS BUDINES DE ZANAHORIA

Pele las zanahorias, píquelas en trozos grandes y póngalas en una olla con la cebolla, 2 dl de caldo y un poco de pimienta; llévelo a ebullición, tape la olla y continúe la cocción a fuego lento hasta que se ablanden las verduras.

A continuación, escúrralas y páselas por la batidora hasta obtener una crema homogénea.

Entonces añada las yemas de huevo y líguelo todo; incorpore las claras montadas a punto de nieve y la leche. Vierta la mezcla en cuatro moldes untados con mantequilla y deje que cuezan en el horno a 160 °C durante unos 20 minutos, hasta que la crema se solidifique. Sírvalos templados.

Budines y soufflés perfectos

Para que los budines y los soufflés salgan perfectamente hay que añadirles las claras montadas a punto de nieve.

Es importante que las claras estén a temperatura ambiente, y no recién salidas de la nevera.

Ponga las claras y una pizca de sal en un cuenco con bordes altos y el fondo redondeado, y empiece a batir enérgicamente con el batidor o con una batidora eléctrica. Recuerde que las claras no llegan a montarse si el utensilio no está muy limpio. Cuando parezcan nieve bien dura estarán listas para ser incorporadas al resto de ingredientes; el resultado es mejor si se montan con un batidor manual y con un movimiento de abajo arriba.

Ingredientes para 4 personas

400 g de patatas

50 g de parmesano rallado

3 huevos

1 diente de ajo

perejil

pan rallado

mantequilla

sal

pimienta

 Tiempo de preparación
1 hora y 20 minutos

Acompañamiento
Indicado como plato único

Pequeños budines de patata

Lave las patatas y póngalas a hervir, con la piel, durante 40 minutos. Escúrralas, pélelas y hágalas puré con un pasapurés.

Incorpore al puré las yemas, el ajo picado, un manojo de perejil, el parmesano, la sal y la pimienta. Trabájelo todo bien hasta obtener una mezcla homogénea.

Seguidamente, unte con mantequilla cuatro moldes individuales, espolvoree pan rallado en su interior y reparta la crema preparada, nivelando bien. Espolvoree una vez más, por la superficie, pan rallado.

Póngalo en el horno ya caliente a 180 °C durante 20 minutos.

Desmolde en platos individuales y adórnelos con perejil picado. Sírvalo al instante.

 Ingredientes para 6 personas

1 kg de patatas

300 g de leche

200 g de judías finas

200 g de zanahorias

50 g de parmesano rallado

50 g de mantequilla

3 huevos

pan rallado

cebollino

mejorana

perejil

sal

pimienta

Tiempo de preparación
1 hora y 15 minutos

Acompañamiento
Indicado como plato único

Budín de tres colores

Limpie las patatas, móndelas y póngalas a hervir en agua salada durante 20 minutos. Escúrralas y páselas por el pasapurés. Prepare el puré con la leche; añada la mantequilla, el queso rallado, los huevos, sal y pimienta. Remuévalo todo y vierta la mezcla en tres recipientes.

Mientras tanto, ponga a hervir también las judías y las zanahorias; escúrralas y tritúrelas, pero reserve, para la decoración, dos zanahorias y algunas judías.

A continuación, añada a las verduras trituradas el puré obtenido de dos recipientes, y añada las hierbas aromáticas picadas en el tercer recipiente. Remuévalo muy bien.

Unte con mantequilla un molde de corona y tapícelo con pan rallado. Vierta dentro, alternándolo, el puré de verduras y el de hierbas aromáticas. Con el horno ya caliente, hornee a 200 °C, durante unos 25 minutos.

Desmóldelo en un plato de presentación y decórelo con las zanahorias y las judías que había reservado.

INGREDIENTES PARA 4 PERSONAS

1 kg de espinacas

300 g de gruyer

200 g de jamón cocido

80 g de mantequilla

8 alcachofas

5 dl de leche

1 limón

1 huevo

harina

sal

pimienta

 TIEMPO DE PREPARACIÓN
1 HORA Y 30 MINUTOS

ACOMPAÑAMIENTO
INDICADO COMO SEGUNDO PLATO

BUDÍN DE ESPINACAS Y ALCACHOFAS

Elimine las espinas y las hojas más duras de las alcachofas, lávelas y póngalas a hervir en abundante agua con zumo de limón durante 20 minutos. Escúrralas, deje que se enfríen y divídalas por la mitad. Lave las espinacas y córtelas en tiras. Dore en una sartén las alcachofas con 40 g de mantequilla.

Condimente las espinacas con la mantequilla restante y sal. Ponga en una tartera las alcachofas y sálelas ligeramente. Corte el jamón y 200 g de gruyer en dados y distribuya la mitad por encima de las alcachofas. Cúbralo todo con espinacas y complete con el gruyer y el jamón restantes. Haga una bechamel con 40 g de mantequilla, una cucharada de harina y la leche; deje que adquiera consistencia removiéndola a fuego bajo. Salpimiéntela. Bata los huevos y añádalos a la salsa; distribúyala de manera uniforme por la tortera. Espolvoree 100 g de gruyer rallado. Caliente el horno a 225 °C y hornee el budín durante 30 minutos.

SOUFFLÉ DE ESPINACAS

INGREDIENTES PARA 6 PERSONAS: *1 kg de espinacas - 5 dl de leche - 50 g de mantequilla - 50 g de gruyer rallado - 4 huevos - 1 diente de ajo - harina - nuez moscada - sal - pimienta*

TIEMPO DE PREPARACIÓN
1 HORA

ACOMPAÑAMIENTO
INDICADO COMO SEGUNDO PLATO

Lave bien las espinacas y hiérvalas en muy poca agua, ligeramente salada. Escúrralas, trocéelas y déjelas adquirir sabor en una sartén con una nuez de mantequilla y el diente de ajo (que después tendrá que retirar). Con dos cucharadas de harina, la mantequilla restante y la leche, prepare una bechamel bastante densa, aromatícela con un poco de nuez moscada rallada y sálela. Apártela del fuego e incorpore a la salsa el gruyer rallado. Pase las espinacas por el pasapurés y añádalas a la salsa. Agregue también las yemas de los huevos y líguelo todo muy bien. Monte las claras a punto de nieve e incorpórelas con cuidado a la mezcla. Para terminar, viértalo todo en un molde de corona untado con mantequilla y cuézalo al baño María en el horno, previamente calentado, a 190 °C durante unos 40 minutos.

Desmolde el souffle en un plato de servir y adórnelo con champiñones cortados en láminas.

Ingredientes para 4 personas

1 kg de espinacas

50 g de pasas

30 g de piñones

aceite de oliva virgen extra

sal

 Tiempo de preparación
40 minutos

 Acompañamiento
Asados de carne y de pescado

Espinacas salteadas con pasas y piñones

Lave bien las espinacas y cuézalas en agua durante unos pocos minutos. Escúrralas, trocéelas y saltéelas en la sartén con tres cucharadas de aceite.

Añada los piñones y las pasas, puestos previamente en remojo en agua tibia; sálelo todo y déjelo todavía en el fuego durante 5 minutos.

Dispóngalo en un plato de presentación y sírvalo caliente.

Un consejo

Las pasas, antes de ser utilizadas, tienen que ponerse en remojo en agua tibia durante 15 minutos. También es posible aromatizarlas añadiendo al agua algún clavo.

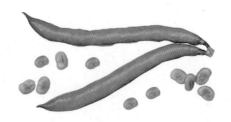

 Ingredientes para 6 personas

1 kg de habas

1 kg de patatas nuevas

400 g de cebollas rojas

100 g de panceta

4 alcachofas

aceite de oliva virgen extra

sal

 Tiempo de preparación
1 hora

 Acompañamiento
Indicado como segundo plato

Estofado de alcachofas, habas y patatas

Lave las patatas y póngalas a hervir, ya peladas, en agua salada durante 20 minutos. Ponga en una cacerola las cebollas cortadas en trozos finos, 8 cucharadas de aceite y la panceta troceada; deje que se ablanden a fuego medio. Añada las alcachofas cortadas en gajos delgados, las habas y las patatas; sálelo todo, remueva con cuidado, cubra la cacerola y déjelo a fuego lento durante unos 20 minutos. De vez en cuando, remueva con precaución; si es necesario, añada medio vaso de agua caliente. Al final, las verduras deberán estar ligeramente tostadas. Sírvalas calientes.

Ingredientes para 4 personas

600 g de verduras variadas
(patatas, judías finas,
calabacines, zanahorias)

2 guindillas picantes frescas

1 berenjena

aceite de oliva virgen extra

semillas de mostaza

laurel

semillas de anís

comino en polvo

azúcar de caña

perejil

sal

 Tiempo de preparación
40 minutos

Acompañamiento
Carne a la parrilla

Estofado de verduras con especias

Lave las verduras y póngalas a hervir 20 minutos en agua salada hirviendo.

Escúrralas y córtelas en pedazos. Dore en una cazuela con tres cucharadas de aceite las guindillas troceadas, el laurel picado y una cucharadita y media de semillas de mostaza. Cubra la cazuela y, apenas empiecen a chasquear, añada una cucharadita de semillas de anís, otra de comino y la berenjena cortada en daditos. Dórelo todo durante unos 10 minutos.

A continuación, añada las verduras, déjelo todo en el fuego 15 minutos más. Dé sabor con dos cucharaditas de azúcar de caña y un poco de sal. Remueva con cuidado y, por último, añada el perejil picado.

Judías verdes a la sartén

Pele y lave las judías verdes; hiérvalas en agua salada hirviendo durante unos 10 minutos y escúrralas. Ponga a dorar en una cazuela con una nuez de mantequilla la albahaca y el ajo picados.

Añada las judías, salpiméntelas y saltéelas durante 5 minutos.

Sírvalas calientes.

 Ingredientes para 4 personas

500 g de judías verdes

1 diente de ajo

albahaca

aceite de oliva virgen extra

sal

pimienta

 Tiempo de preparación
30 minutos

 Acompañamiento
Carne; huevos

INGREDIENTES PARA 4 PERSONAS

1 kg de habas

100 g de puntas de espárragos

100 g de judías verdes

50 g de mantequilla

4 cebollas nuevas

4 zanahorias nuevas, con hojas

2 nabos - 1 ramillete de rabanitos

cebollino - caldo vegetal

sal - pimienta

TIEMPO DE PREPARACIÓN
1 HORA

ACOMPAÑAMIENTO
CARNE; HUEVOS; QUESOS

CAZOLETA DE PRIMAVERA

Desgrane las habas. Limpie los nabos y córtelos en pequeños gajos; elimine las hojas de los rábanos y lávelos. Lave las judías verdes después de quitarles el hilo. Limpie las cebollas dejando una parte verde. Ponga todas las verduras en una cazuela, junto con la mantequilla, y deje que cuezan durante unos 15 minutos a fuego suave. Incorpore entonces las puntas de los espárragos, las habas y las zanahorias; riéguelo todo con dos cazos de caldo vegetal y continúe la cocción durante 30 minutos más. Salpimiente. Una vez acabada la cocción, espolvoree el cebollino picado y sírvalo.

INGREDIENTES PARA 4 PERSONAS

1 kg de patatas

500 g de cebollas

500 g de tomates

150 g de queso tierno

50 g de queso de oveja rallado

30 g de mantequilla

pan rallado

aceite de oliva virgen extra

orégano

sal - pimienta

 TIEMPO DE PREPARACIÓN
1 HORA Y 20 MINUTOS

 ACOMPAÑAMIENTO
INDICADO COMO SEGUNDO PLATO

TARTERA DE PATATAS AL HORNO

Pele las patatas, lávelas y séquelas, y después córtelas en rodajas.

Trocee también en rodajas las cebollas y en trocitos los tomates. Unte con aceite una tartera y disponga en ella capas de patatas, cebollas, tomate, queso (cortado en lonchas), sal, pimienta y aceite.

Acabe con una capa de tomate, condimente con aceite, sal, pimienta, queso de oveja rallado y orégano.

Espolvoree pan rallado y copos de mantequilla. Hornéelo, con el horno previamente calentado, a 190 °C durante 1 hora aproximadamente.

Timbales de judías verdes

⚖ INGREDIENTES PARA 6 PERSONAS: *400 g de judías verdes - 2 huevos - nata para montar - sal - pimienta blanca*

🕐 TIEMPO DE PREPARACIÓN
50 MINUTOS

🍽 ACOMPAÑAMIENTO
PESCADO

Limpie las judías y hiérvalas en agua salada durante 6 minutos; a continuación, escúrralas, reserve 100 g y pase el resto por la batidora con la yemas. Vierta la pasta obtenida en un cuenco, añada sal y pimienta, y después, con cuidado, vaya incorporando la nata montada. Monte a punto de nieve las claras y líguelas con la pasta de judías. Vierta la pasta en cuatro moldes individuales, dispóngalos sobre una tartera y vierta agua hirviendo alrededor. Con el horno previamente calentado, hornee a 180 °C durante 15 minutos. Deje reposar los timbales 3 minutos antes de desmoldarlos. Colóquelos en un plato de presentación y decórelos con las judías que había reservado.

Pastel de berenjenas

 Ingredientes para 4 personas

2 berenjenas

250 g de queso ricota

80 g de parmesano rallado

2 huevos

pan rallado

aceite de oliva virgen extra

mantequilla

sal

pimienta

Tiempo de preparación
1 hora y 10 minutos

Acompañamiento
Indicado como segundo plato

Pele las berenjenas, lávelas y cuézalas al horno caliente a 190 °C durante 30 minutos.

Pasado ese tiempo, deje que se enfríen, vacíelas y aplaste la pulpa; salpimiéntela.

Ponga en un recipiente la pulpa de berenjena, el ricota, el parmesano y los huevos ligeramente batidos; líguelo todo bien y rectifique de sal.

Unte con mantequilla un molde redondo, espolvoree pan rallado y vierta la mezcla dentro, nivelando la superficie.

Riéguelo con aceite y, con el horno previamente calentado, hornéelo a 180 °C durante unos 20 minutos.

Sírvalo tibio.

Tricolor de pimientos

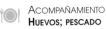 Ingredientes para 4 personas

1 pimiento verde

1 pimiento rojo

1 pimiento amarillo

100 g de olivas negras sin hueso

50 g de alcaparras

6 filetes de anchoa

1 diente de ajo

perejil - albahaca

aceite de oliva virgen extra

sal - pimienta

Tiempo de preparación
40 minutos

Acompañamiento
Huevos; pescado

Ase los pimientos con llama fuerte. Cuando estén listos, pélelos, lávelos y páselos por una hoja de papel absorbente de cocina. Córtelos de forma que obtenga tiras para formar paquetitos.

A continuación, prepare una salsa densa triturando las olivas, las anchoas, las alcaparras, el ajo, el perejil, la albahaca y dos cucharadas de aceite. Salpimiéntela.

Unte con esta salsa los pimientos y enróllelos formando unos paquetitos. Colóquelos en un plato de presentación alternando los colores y adórnelos con hojas de albahaca.

TRÍO DE PURÉS

INGREDIENTES PARA 4 PERSONAS: *1 kg de habas - 1 kg de patatas - 300 g de calabaza - 60 g de mantequilla - 5 dl de leche - perifollo - eneldo - cebollino - sal*

TIEMPO DE PREPARACIÓN
1 HORA

ACOMPAÑAMIENTO
CARNE; HUEVOS

Lave las patatas, pélelas y hiérvalas en agua salada durante 20 minutos. A continuación, escúrralas y páselas por el pasapurés. Cueza las habas en abundante agua; escúrralas y páselas por el tamiz. Corte la calabaza en rodajas y hornéela durante unos 15 minutos; a continuación, pásela por el tamiz. Con las patatas aplastadas prepare el puré con leche, sal y mantequilla. Remueva con rapidez para que las patatas absorban bien el líquido. Divida la masa en tres recipientes y añada a uno el puré de habas, a otro el puré de calabaza y al tercero las hierbas aromáticas picadas. Llene tres mangas pasteleras con los purés obtenidos y dispóngalos en un plato de servir formando una presentación agradable. Sírvalos inmediatamente.

CALABAZA A LA PARMESANA

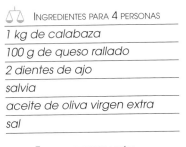

INGREDIENTES PARA 4 PERSONAS

1 kg de calabaza

100 g de queso rallado

2 dientes de ajo

salvia

aceite de oliva virgen extra

sal

TIEMPO DE PREPARACIÓN
35 MINUTOS

ACOMPAÑAMIENTO
CARNE; HUEVOS

Pele la calabaza y córtela en rodajas regulares y más bien finas.

En una sartén amplia con cuatro cucharadas de aceite, dore el ajo, la salvia troceada y las rodajas de calabaza; sálelo todo ligeramente, cubra la sartén y déjelo cocer a fuego medio durante 8 minutos. Pasado ese tiempo, forme capas con la calabaza y el parmesano rallado en una tartera.

Hornéelo a 180 °C durante 20 minutos, hasta que la superficie esté bien dorada.

Sírvalo caliente o tibio.

Olores desagradables

A menudo, el mortero utilizado para picar el ajo, el perejil, la cebolla y las hierbas aromáticas, aun después de haberlo lavado, conserva olores desagradables. Para evitarlo hay que frotar la superficie con un limón cortado por la mitad y enjuagar, o bien preparar una especie de papilla con bicarbonato sódico y agua, extenderla sobre el mortero y aclarar muy bien.

CALABAZA AGRIDULCE

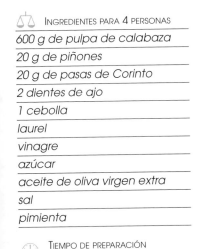

INGREDIENTES PARA 4 PERSONAS

600 g de pulpa de calabaza

20 g de piñones

20 g de pasas de Corinto

2 dientes de ajo

1 cebolla

laurel

vinagre

azúcar

aceite de oliva virgen extra

sal

pimienta

TIEMPO DE PREPARACIÓN
20 MINUTOS

ACOMPAÑAMIENTO
CARNE BLANCA

Corte la calabaza en pedacitos regulares no demasiado pequeños y dórelos a fuego fuerte en una sartén, con el ajo majado y seis cucharadas de aceite. Pasados 2 minutos, baje el fuego, añada una hoja de laurel y las pasas reblandecidas en agua tibia y estrujadas. Cúbralo con una tapa y deje que cueza 5 minutos más.

Seguidamente, sálelo todo y riéguelo con medio vaso de vinagre; espolvoree azúcar por encima; añada los piñones y deje que evapore a fuego lento, removiendo de vez en cuando.

Sírvalo caliente o tibio.

INGREDIENTES PARA 4 PERSONAS

600 g de calabacines

300 g de mozzarella

200 g de tomate triturado

2 dientes de ajo

parmesano rallado

aceite de oliva virgen extra

mantequilla

albahaca

perejil

sal

pimienta

 TIEMPO DE PREPARACIÓN
50 MINUTOS

ACOMPAÑAMIENTO
INDICADO COMO SEGUNDO PLATO

CALABACINES A LA PARMESANA

Lave los calabacines, quíteles la punta y trocéelos a lo largo; escáldelos en agua hirviendo salada durante 3 minutos.

Corte la mozzarella en dados. Prepare una picada aromática con ajo, perejil y albahaca.

A continuación, unte con mantequilla una fuente para horno y coloque en su interior una capa de calabacines, espolvoree un puñado de hierbas picadas y una pizca de sal y pimienta, y añada cuatro cucharadas de tomate triturado y un puñado de parmesano y mozzarella. Riegue con aceite.

Repita la operación hasta que se acaben los ingredientes. En la última capa, ponga copos de mantequilla.

Cuézalo en el horno ya caliente a 180 °C durante 20 minutos. Sírvalo tibio.

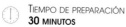
INGREDIENTES PARA 4 PERSONAS

400 g de calabacines

60 g de mantequilla

1 naranja

sal

pimienta blanca

TIEMPO DE PREPARACIÓN
30 MINUTOS

ACOMPAÑAMIENTO
CARNE BLANCA

CALABACINES CON NARANJA

Elimine la extremidad de los calabacines, lávelos y córtelos en juliana.

Corte en tiras finas la piel de naranja, con cuidado de no coger la parte blanca. Disuelva en una sartén la mantequilla, a fuego medio, y añada después los calabacines y la piel de naranja troceada.

Remuévalo dejándolo en el fuego a máxima potencia durante unos 10 minutos.

Vierta los calabacines en un plato de servir, salpiméntelos y sírvalos al instante.

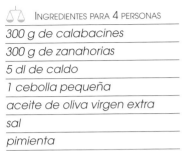

300 g de calabacines

300 g de zanahorias

5 dl de caldo

1 cebolla pequeña

aceite de oliva virgen extra

sal

pimienta

Tiempo de preparación
30 minutos

Acompañamiento
Carne; pescado; huevos

Calabacines y zanahorias estofados

Lave y despunte los calabacines; a continuación, córtelos en bastoncillos bastante gordos; rasque las zanahorias y córtelas en rodajas.

Ponga en una cacerola dos cucharadas de aceite con la cebolla en rodajas finas para que se ablande; antes de que se dore, añada las zanahorias, los calabacines y el caldo.

Cubra con una tapa y deje que hierva; a continuación, baje el fuego al mínimo. Déjelo todavía en el fuego unos 15 minutos, removiendo lo menos posible. Quite la tapadera a la cacerola y deje que se evapore el líquido en exceso. Rectifique de sal y pimienta y consérvelo caliente hasta el momento de servir.

Un consejo

Cuando hierva calabacines, páselos después bajo un chorro de agua fría para que mantengan su color.

4 calabacines

2 pimientos rojos

1 cebolla

perejil

1 guindilla

aceite de oliva virgen extra

sal

Tiempo de preparación
1 hora

Acompañamiento
Huevos

Calabacines endiablados

Pele y lave los calabacines, y córtelos en bastoncillos; lave también los pimientos y córtelos en dados pequeños.

Corte en rodajas la cebolla y póngala en una fuente de horno con los pimientos, los calabacines, la guindilla troceada y tres cucharadas de aceite; añada la sal y cuézalo en el horno a 250 °C durante 30 minutos.

Cuando finalice la cocción, retire los bastoncillos de calabacín y póngalos aparte. Triture el resto con medio vaso de agua caliente y algunas hojas de perejil.

Vierta en un plato de presentación unas cucharadas de la salsa obtenida, coloque encima los bastoncillos de calabacín y cúbralos con el resto de salsa. Sírvalos calientes.

 INGREDIENTES PARA 4 PERSONAS

500 g de calabacines

2 dientes de ajo

vinagre

albahaca

1 guindilla

perejil

aceite para freír

sal

TIEMPO DE PREPARACIÓN
50 MINUTOS + **1** HORA DE REPOSO
Y **24** HORAS PARA EL ESCABECHE

ACOMPAÑAMIENTO
PESCADO

CALABACINES MARINADOS

Corte el extremo de los calabacines, lávelos y córtelos en rodajas de 2 cm de grosor.

A continuación, póngalos en un colador de pasta, espolvoréeles sal por encima y deje que reposen 1 hora aproximadamente. Páselos por un trapo para secarlos, pero no los aclare.

Caliente entonces aceite en abundancia en una sartén y fría los calabacines hasta que hayan adquirido un color dorado por ambos lados. Escúrralos y páselos por papel absorbente de cocina. Deje que se enfríen.

Hierva en un cazo pequeño medio vaso de vinagre con una pizca de sal y la guindilla.

Reparta los trozos de calabacín en una fuente de horno de borde alto, alternándolos con capas de ajo cortado en rodajas, albahaca y perejil picados y sal.

Por último, vierta por encima de todos los ingredientes el vinagre, cubra el recipiente y déjelo en escabeche durante 24 horas antes de servirlo.

El vinagre aromático

1 l de vinagre de vino rojo - 30 g de romero - 30 g de menta - 30 g de salvia - 10 g de pimienta negra - 3 dientes de ajo - laurel - semillas de mostaza - clavos - sal

Ponga en un bote de barro cocido las hojas de romero, menta y salvia, así como dos hojas de laurel; añada el ajo pelado, la pimienta negra en grano, una cucharadita de semillas de mostaza y de clavo y la sal. Vierta el vinagre y cubra el recipiente con dos hojas de papel parafinado; átelo muy bien.
Ponga el recipiente en un lugar fresco y deje que repose durante 15 días agitándolo con cuidado todos los días. Pasado ese tiempo, cuele el vinagre, primero con un colador y después con un papel de filtro o una doble gasa humedecida. Viértalo en botellas pequeñas de cierre hermético.

INGREDIENTES PARA 4 PERSONAS

4 calabacines grandes

40 g de harina

40 g de parmesano rallado

2 huevos

leche

cerveza

menta

sal

aceite para freír

TIEMPO DE PREPARACIÓN
45 MINUTOS

ACOMPAÑAMIENTO
INDICADO COMO SEGUNDO PLATO

CALABACINES SABROSOS

Bata muy bien, en un recipiente, los huevos con la harina, el queso, una pizca de menta picada y cuatro cucharadas de leche, y vaya añadiendo cerveza hasta obtener una pasta bastante ligera; sálela.

A continuación, lave y seque perfectamente los calabacines, despúntelos y córtelos a lo largo en lonchas muy finas.

Páselos rápidamente por la pasta y fríalos en abundante aceite hirviendo a medida que los va rebozando.

Elimine el exceso de aceite con papel absorbente de cocina, colóquelos en un plato de servir y sálelos un poco más. Sírvalos calientes.

La alternativa

Es posible preparar también la pasta sin huevo para freír algunas verduras, utilizando únicamente la harina, agua muy fría (de la nevera) y sal.

INGREDIENTES PARA 4 PERSONAS

600 g de calabacines

2 dientes de ajo

1 cebolla

aceite de oliva virgen extra

orégano

sal

TIEMPO DE PREPARACIÓN
20 MINUTOS

ACOMPAÑAMIENTO
CARNE; HUEVOS

CALABACINES TROCEADOS

Lave y seque perfectamente los calabacines y, a continuación, despúntelos y córtelos en rodajas bastante gruesas. Ponga las rodajas en una cacerola en la que habrá calentado previamente seis cucharadas de aceite con el ajo y la cebolla picados.

Cuézalos entonces a fuego medio-alto durante 10 minutos, removiendo delicadamente de vez en cuando, para que los calabacines se doren sin que se oscurezcan demasiado ni se deshagan; si es necesario, remójelos de vez en cuando con un poco de agua.

Para terminar, sálelos y espolvoree orégano por encima al finalizar la cocción.

Sírvalos tibios o a temperatura ambiente.

ÍNDICE DE RECETAS

CONSEJOS ÚTILES

Impreso en España por
EGEDSA
Rois de Corella, 12-16
08205 Sabadell